A memória, a justiça e o perdão

SERVIÇO SOCIAL DO COMÉRCIO
Administração Regional no Estado de São Paulo

PRESIDENTE DO CONSELHO REGIONAL
Abram Szajman

DIRETOR REGIONAL
Danilo Santos de Miranda

CONSELHO EDITORIAL
Ivan Giannini
Joel Naimayer Padula
Luiz Deoclécio Massaro Galina
Sérgio José Battistelli

EDIÇÕES SESC SÃO PAULO

GERENTE	Marcos Lepiscopo
ADJUNTA	Isabel M. M. Alexandre
COORDENAÇÃO EDITORIAL	Clívia Ramiro, Cristianne Lameirinha
PRODUÇÃO EDITORIAL	Rafael Fernandes Cação
COORDENAÇÃO GRÁFICA	Katia Verissimo
COORDENAÇÃO DE COMUNICAÇÃO	Bruna Zarnoviec Daniel
COLABORADORES DESTA EDIÇÃO	Marta Colabone

Amelia Valcárcel

A memória, a justiça e o perdão

Tradução: Newton Cunha

Título original: *La memoria y el perdón*
© 2010 Amelia Valcárcel
© 2010 Herder Editorial, S. L., Barcelona
© 2013 Edições Sesc São Paulo
Todos os direitos reservados

PREPARAÇÃO DE TEXTO
Tulio Kawata

REVISÃO
Léia M. F. Guimarães, Edson Valente

CAPA
Fernando Vilela

PROJETO GRÁFICO E DIAGRAMAÇÃO
Carlos Eduardo Chiba

V232m Valcárcel, Amelia
         A memória, a justiça e o perdão / Amelia Valcárcel;
         Tradução de Newton Cunha. – São Paulo : Edições
         Sesc São Paulo, 2013. –
         140 p.

         ISBN 978-85-7995-067-4

         1. Memória. 2. Justiça. 3. Perdão. I. Título. II. Cunha,
         Newton Cunha.

                                                                         CDD 301

Edições Sesc São Paulo
Rua Cantagalo, 74 - 13º/14º andar
03319-000 São Paulo SP Brasil
Tel. 55 11 2227-6500
edicoes@edicoes.sescsp.org.br
sescsp.org.br

NOTA À EDIÇÃO BRASILEIRA

Mais do que experiências de lazer e cultura, o Sesc busca propiciar ocasiões para a aprendizagem não formal, em que a educação é entendida como fator essencial para a formação do indivíduo e do cidadão. Isso significa dizer que estamos todos continuamente aprendendo e ensinando: ao assistir um espetáculo, ao praticar esporte, ao experienciar a convivência em grupos heterogêneos, ao buscar qualidade no amplo conteúdo digital, ao ouvir música, ao ler uma revista, um livro.

Para além da aquisição despretensiosa, mas não desinteressada, de conhecimento, há que se criar sempre oportunidades de reflexão e debate sobre o entorno cultural e espaço-temporal em que se situam cada um e todos nós. É preciso estimular o pensamento crítico e a participação efetiva e consciente nas atividades em que as comunidades se engajam. Essa é nossa intenção ao publicar uma obra como *A memória, a justiça e o perdão*: trazer grandes questões e desafios da contemporaneidade para o centro da discussão. Contribuir para a compreensão das diferenças e para a reflexão sobre como a sociedade e o indivíduo se posicionam ante as questões que decorrem delas. Considerados nesta trinca, a memória, a justiça e o perdão são, assim, valiosos instrumentos para promoção de uma quimérica cultura de paz e igualdade, uma discussão incontornável nestes tempos de tantos tipos e graus de intolerância.

Para Olaya Álvarez, minha filha.

SUMÁRIO

INTRODUÇÃO 9

COMO UM PREFÁCIO: NO PRINCÍPIO FOI UM CRIME 13

O SINAL DE CAIM 25
    A moral arcaica 26
    O objetivismo moral 27
    O mal é comutativo: intenções e arrependimento 33
    Marcas taliônicas: clemência e lei 36
    A ontologia da dívida: purificação e justiça 40
    Perdões fundadores 43
    Uma nota sobre o maldizer 45

A MORAL DO ESQUECIMENTO 47
    Esquecimento e perdão 51
    O direito de perdoar 54

O MUNDO DO PERDÃO 59
    De novo a clemência 62
    O perdão dos pecados 65

UM CAMINHO LATERAL INTERESSANTE: A ETOLOGIA	69
A *inventio* do perdão	72
O perdão dos fracos	73
O NOVO PRECEITO: "NÃO ESQUECERÁS"	79
Quando não há pagamento possível	80
Quem deveria pagar	84
Não deveis esquecer. Não posso perdoar	89
Os crimes contra a humanidade	93
ARREPENDIMENTO E PERDÃO	101
Contrição	104
Basta pedi-lo?	105
Uma volta do parafuso hegeliana	109
Cansaço e perdão	111
Confessando ante o vazio	114
MISANTROPIA E PESSIMISMO ANTROPOLÓGICO	119
Nossos perdões atuais	122
ANISTIA E PERDÃO	125
E AGORA?	131
O mal	133
A globalização do perdão	138

INTRODUÇÃO

Pode-se perdoar? É a mesma coisa que esquecer? O que é perdoar? Quem pode fazê-lo? Serve para algo? São muitas perguntas, se me permitem dizer. Porém, há mais. Por exemplo: quem guarda a memória do mal e o pesa de acordo com o que vale? O que tem a ver a justiça com a memória, e esta com os males que se sucedem? É bom o rancor? As primeiras interrogações remetem a uma ação, o perdoar; as outras, a seu marco, isto é, ao espaço conceitual no qual se fazem possíveis.

Se perdoar é difícil, saber em que ele consiste não é mais fácil. É verdade que, em nosso idioma, dizemos frequentemente a palavra "perdão"; é uma resposta fática[1] e cortês, que pode substituir uma saudação, ser uma desculpa trivial, um modo de intrometer-se em uma comunicação, ou até uma forma de desapreço, caso seja proferida como um "perdoe-me" com suficiente altivez. "Perdão",

---

1. Fático no sentido dado pela semiologia, ou seja, a função da linguagem que mantém aberto o canal de comunicação entre as pessoas, ou entre o emissor e o receptor da mensagem. (N. T.)

quando é uma resposta fática e cortês, funciona da mesma maneira que "obrigado" ou "por favor", por exemplo. Profere-se na situação adequada, e isso é tudo. Mas, assim mesmo, e como as demais respostas fáticas citadas,[2] conserva sua carga. No entanto, poucas vezes empregaremos, verdadeiramente, as formas do verbo "perdoar". "Perdoou-o" é mais comum que "perdoa-o", e o uso no futuro, "perdoá-lo-á", é pouco usual. E, se nos tempos verbais cabe fazer essas distinções, nas pessoas que os usam o campo é ainda mais restrito, porque o uso desse termo não implica que utilizemos o perdão, nem que o conheçamos.

O perdão é um tipo de novidade normativa que tem a ver, sobretudo, com a memória. A memória humana, a única que conhecemos, é singular. Nunca funciona sem um pano de fundo valorativo. Isso é o que este livro se propõe a analisar. Mas não vou entender por memória a capacidade de cada qual recordar seus próprios assuntos. Não. Chamo memória, e assim é apropriado fazê-lo aqui, às recordações que temos em comum. Àquilo que vemos no caso de recordar, porque pertence ao nosso acervo; porque nos fala de nós e conforma nossa identidade. Abarca a linguagem e as técnicas, os saberes e as normas, as artes e os ritos. É a memória mantida entre todos e por todos, a memória comum. Essa memória é enorme.

Na Espanha, esse tema da memória encontra-se aberto. Palpita. E por isso é difícil abordá-lo desapaixonadamente. No entanto,

---

2. Na muito boa introdução ao livro *O espírito da dádiva* (Rio de Janeiro: FGV Editora, 1999), Jacques Godbout assinala que essas palavras, em sua evolução social para os níveis superficiais, formais, "não se neutralizam senão aparentemente"; na realidade, é como se "continuassem conservando seu poder de expressão original vinculado com o sentido das relações que presidiram seu nascimento", acrescido que, muito provavelmente, na própria palavra "perdão" esteja a dinâmica do dom de que Godbout trata magistralmente. O perdão é o mesmo tipo de vínculo social primário. É um *per-dom*, um dom ou dádiva superior. (N. A.)

há que se fazer isso. O trabalho da razão é frio e esfria o que toca. Apesar de o debate sobre a memória histórica ter-se exasperado, não existe tanta bibliografia espanhola ou castelhana sobre o tema. A Espanha, definida por Machado[3] como "o páramo que cruza a sombra de Caim", não acabou certamente de fazer as pazes com suas recordações. A memória do mal realizado ainda produz medo e ressentimento. Não se elevou a um discurso conceitual. E seria bom fazê-lo. É quase obrigatório servir-se da frieza da análise.

Machado escreveu esse terrível verso antes que a história lhe desse uma redobrada e sinistra razão. Intuiu, como poeta, o que flutuava em nosso ambiente, fechado durante séculos. A sombra fugidia de Caim permaneceu longos anos entre nós. Foi-se fazendo nossa compatriota, antes que o próprio Caim aparecesse em cena. Mas, se a compararmos, nossa história tem quem lhe ganhe em amargor. Meditemos que a Europa suportou no século XX duas guerras atrozes. Que esse continente, que estava havia mais de um século em paz e progresso industrial, conseguiu todo esse avanço e o enterrou nas trincheiras do Marne. Que a França, a Alemanha e a Itália, mas sobretudo as duas primeiras, dessangraram-se duas vezes num intervalo de vinte anos. Que os países do Danúbio sofreram partilhas, invasões e destruições. O século XX, o século convulso, foi tal que não podemos nos lembrar de outro semelhante. E agora serve apenas para comemorações numa Europa em que as fronteiras não existem. Uma Europa que não caberia sonhar durante as duas guerras.

Caim cumpriu o seu ofício, aqui e fora daqui, mas o perdão foi instalado. Não o esquecemos, mas não nos vingamos. Nessa

---

3. Antonio Machado Ruiz, poeta e dramaturgo espanhol, uma das mais representativas e brilhantes figuras pertencentes à famosa Geração de 98, de caráter modernista, no âmbito da literatura peninsular. Na guerra civil, sempre esteve ao lado dos republicanos. (N. T.)

memória comum, que é a do dano, o perdão se inscreve numa de suas partes. Se a memória do dano fosse completa, seu peso não nos deixaria viver. O perdão nos permite saná-la, torná-la mais delgada de vez em quando. As possibilidades que nos oferecem o perdão e o esquecimento dependem de seus marcos ontológicos. São esses que me proponho a inspecionar. Mas não quero adiantar os acontecimentos. Pelo contrário, eu os suscitarei a partir da minha própria memória.

I
COMO UM PREFÁCIO: NO PRINCÍPIO FOI UM CRIME

Esse Caim, nosso antepassado criminoso, que nos vem dos textos sagrados,[1] tem sua razão de ser. Os textos sacros são poderosos e trasladam memórias muito antigas. Nós, ocidentais, somos filhos da mistura das duas margens do Mediterrâneo. Da Grécia tomamos a metade de nosso espírito, o moderado e prometeico; a outra veio das histórias compiladas pelos rabinos numa parte das costas da Palestina. E essa do fratricídio original é uma delas. As histórias que os relatos religiosos transmitem nunca são inócuas; são velhas e nos chegaram por algum motivo e finalidade. Vamos recordar a história a que nos referimos. Eles, Caim e Abel, são os primeiros homens que nascem de mulher. Eram irmãos. Um, agradável a Deus; outro, menos. Um, pastor; outro, agricultor. E o agricultor, invejoso porque Deus não apreciava tanto seus

---

1. A figura de Caim, sob nomes diversos, possui representações anteriores na Mesopotâmia, no Egito e em relatos antigos de todo o Oriente Médio. Sua presença posterior tampouco é minguada. Desde Milton até Byron, de Victor Hugo a Baudelaire, passando depois pelo romantismo decadentista, o personagem sempre teve reinterpretações. (N. A.)

sacrifícios quanto os do irmão, começou a ter ciúmes deste e a odiá-lo. "Seu rosto se decompôs", nos diz o texto. E "andava com a cabeça baixa". De modo que decidiu acabar com os motivos de seu pesar: chamou Abel para o campo e o matou. Assim começou a progênie humana — com um crime.[2] Esse é um ensinamento terrível, que foi repetido de geração em geração até bem pouco tempo, em igrejas e escolas.[3] O fratricídio na origem forma parte da pedagogia religiosa dos monoteísmos. Serve para lembrar-nos de nossa má índole. Explica nossas paixões e mergulha em nosso passado. Ultimamente, os que investigam nosso tipo humano também o insinuam. Mesclamo-nos com os neandertais? Por que seu desaparecimento coincide com nosso pleroma?[4] Por que o fratricídio aparece em tantos relatos de origem? Voltamos às nossas histórias, porque, como digo, guardam memórias muito antigas.

O relato do crime originário não é banal e tem, ademais, peculiaridades estranhas. Após o assassinato, conta o texto, o criminoso marcado é indultado. É chocante. Por que Deus, que tudo sabia, não o fez desaparecer da face da Terra? Isso já nos perguntávamos desde crianças, e ninguém nos dava uma resposta plausível. Mas o que nos entretém quando crianças, como adultos nos faz pensar.

Faz alguns anos, o professor e respeitado amigo Rafael Sánchez Ferlosio fez-me chegar um artigo muito interessante. Seu título:

---

2. A história começa com Adão e Eva, no Pentateuco. São os primeiros cinco livros da Bíblia, a Torá, que o cristianismo tomou do judaísmo, cometendo assim (devo dizê-lo) um dos roubos mais surpreendentes e espetaculares da história religiosa. A narração pertence ao Gênesis 4, 2. (N. A.)
3. O mesmo Machado nos traz Caim em outro de seus poemas, quando se recorda da monotonia da escola primária. Recorda a tarde interminável, a chuva, a cantilena das tábuas matemáticas e escreve: "É a aula. Num cartaz se representa Caim fugitivo, e Abel morto sobre uma mancha carmesim". (N. A.)
4. Termo grego que significa *plenitude* e que as doutrinas gnósticas empregam com certas variações, entre as quais, "protótipo das coisas reais" ou "o lugar de onde viemos". (N. T.)

"O sinal de Caim".⁵ Estava acompanhado por uma nota: "Querida Amelia: como verás, isso está muito desordenado e quase cru. A precipitação de publicá-lo, na falta de três apêndices e umas tantas notas, é porque já tenho medo de deixar enterradas mais coisas *sine die* no fundo da gaveta". De minha parte, já possuía o artigo logo que saíra e, ademais, sublinhado. Havia me interessado por seu título e porque, além de um grande interesse por textos do Antigo Testamento, Ferlosio e eu já havíamos comentado o tema de Caim e de seu relato em várias ocasiões. Pelo que tem de estranho, e não sem motivos. Pois, efetivamente, o texto bíblico é ainda mais do que surpreendente.

O assunto não se limita ao fratricídio. Depois disso, vem algo mais chocante. Produzido o assassinato de Abel, Caim é interpelado por Deus. E depois de Yahweh[6] lhe ter perguntado por Abel, obtém a conhecida resposta: "Eu não sei. Acaso sou eu o guarda de meu irmão?". Yahweh repreende Caim: "Que é que fizeste? A voz do sangue de teu irmão clama desde a terra até Mim. Agora, pois, serás maldito sobre a terra, que abriu sua boca e recebeu o sangue de teu irmão, derramado por ti. Quando houveres cultivado a terra, ela te não dará seus frutos. Tu andarás vagabundo e fugitivo sobre a terra".[7] Caim disse a Yahweh: "O meu crime é muito grande para alcançar dele perdão. Tu me lanças hoje fora da terra; e eu serei obrigado a me esconder de diante de Tua face e andarei vagabundo e errante sobre a terra. O primeiro, pois, que me encontrar matar-me-á". Yahweh lhe disse: "Não será assim, mas todo

---

5. *Claves de Razón Práctica*, jul.-ago. de 1996, nº 64.
6. A grafia do Tetragrama (conjunto de símbolos que, em hebraico, se refere a Deus, mas que não se pronuncia, por ser inefável) varia bastante. Optamos por uma de suas possibilidades. (N. T.)
7. Uso a Bíblia Ecumênica, da Mirador, com tradução do pe. Antônio Pereira de Figueiredo, 1980. (N. T.)

o que matar a Caim será por isso castigado sete vezes, em dobro". E Yahweh pôs um sinal em Caim, para que ninguém o encontrasse e o matasse.[8] Essa é a passagem. Conserva mais de uma incógnita: que sinal é esse, por que Yahweh não se vinga de Caim, e tantas outras. Eu e Rafael falamos disso. O que é isso? O que conta o relato? A história pode consistir numa explicação da malevolência mútua entre povos pastores e agricultores, o que é bastante provável;[9] pode ser ainda uma versão ruim de um mito anterior (e o sinal não seria tal, ou serviria justamente para o contrário) ou consistir numa racionalização interna ao texto: Caim tem de viver para que seus descendentes, ou a descendência humana em geral, a boa e a malvada, cheguem a existir. A interpretação sempre está em aberto. O que é produtivo.[10] Em todo caso, a história original do Gênesis pertence a essa classe estranha de relatos do Antigo Testamento, incompreendidos e incompreensíveis a partir de uma visão não histórica ou antropológica.[11] E assim é, para muita gente, boa parte do texto sagrado: algo incompreensível. E aqui se dividem os leitores em dois tipos: os que o leem literalmente e aqueles que o julgam, como fez Voltaire, também diretamente, sem qualquer mediação do sentido histórico. Lê-se o relato, observa-se que não se o entende bem e, imediatamente, se fazem genuflexões ou zombarias a propósito.

Mas para esses textos somos obrigados a buscar as chaves da inteligibilidade. O fato de que se tenham perdido ou sejam

---

8. Gênesis 4, 9-15.
9. Sobraram precedentes. Que valham como mostras as sucessivas tabuinhas expostas por N. Kramer em *La historia empieza en Sumer*, Barcelona: Orbis, 1985, p. 155 ss. (N. A.)
10. Saramago, por exemplo, escreveu um romance delicioso em que Caim, personagem sobre o qual muito discorre, muda os papéis. (N. A.)
11. Certa teologia escravista interpretou, desde a Antiguidade, que a marca de Caim era a pele negra. Os textos sagrados serviram a todo tipo de interesses e, nesse caso, aos dos cristãos que tomavam parte no tráfico de escravos no século XVII. (N. A.)

complicadas de estabelecer não nos autoriza a permanecer na superfície do assunto. Ambas as maneiras de tratá-los, a literal e a de Voltaire, são indignas. Certo é que a literal provoca consequências bem piores do que a outra.

Diretamente, em sua literalidade, esses textos são tão pouco morais para uso, tão inassimiláveis, que o jovem Hegel, com visão ilustrada e paradigmática, os qualificava do seguinte modo:

> Entre nós se pretende que a história sagrada nos seja útil, que aprendamos e derivemos dela toda classe de verdades morais. Contudo, o juízo moral saudável, que se acerca dessa história com a intenção de aprender, vê-se obrigado, em geral, a ser ele a introduzir a moral na maioria das histórias, em vez de encontrá-la ali e, em muitas delas, não saberá como conciliá-las com seus princípios.[12]

Por isso, uma visão algo mais profunda, que os vincule às suas épocas, é necessária. O mesmo Hegel se corrige:

> Nas fontes da religião judaica há atos e ideias imorais, injustas, que são apresentadas como se emanassem das ordens de Deus; esses princípios [...] eram de natureza política e se referiam a uma constituição determinada (dentro da qual rege o direito do mais forte).[13]

Deus marcou Caim, maldisse-o, mas, como resultado da marca, ninguém poderia matá-lo. Qual era então a eficácia da maldição? Condenou-o a errar, ou a própria marca era a sua maldição? Preparei-me para saber algo mais de tudo isso.

---

12. *Escritos de juventud*, México: FCE, 1978. Compilação dos escritos realizados em Berna. Nas mesmas citações se percebe que, depois que Hegel assimilou Herder, sua maneira de entender esses textos mudou radicalmente. (N. A.)
13. *Idem, ibidem*.

O trabalho de Ferlosio pertencia ao gênero pré-textual. Tinha início com Caim, mas para seus próprios fins. Como todos os seus trabalhos, era sugestivo e estava esplendidamente escrito. O momento em que apareceu e chegou a mim também era, por outro lado, singular. Eu estava escrevendo, a respeito do esquecimento, algo que teria de expor duas semanas depois no Seminário de Antropologia da Conduta, dirigido por Carlos Castilla del Pino.[14] Ali deveria apresentar uma comunicação sobre o esquecimento. Em realidade, pensei, o esquecimento e o perdão são incompatíveis com o sinal. O perdão é a vertente moral do esquecimento. Se há um sinal, ninguém deve esquecer o crime.[15] O esquecimento tinha a ver com o perdão, e disso não havia dúvida; mas o perdão não se confundia com ele. Algo me causou mais estranheza, mas falarei sobre isso mais tarde. Então o deixei dormir.[16] Nesse ínterim, Ferlosio me apressava para que lhe desse a conhecer minha opinião. Nunca o fiz. Segui trabalhando o tema com perspectivas novas e diferentes, como o cinismo e a tentação, e segui também adiando e dando evasivas ao mestre e amigo, sempre que me perguntava sobre o assunto.

---

14. Com Carlos Castilla, e nesse mesmo seminário, havíamos trabalhado o assunto da inveja, tão relacionado com essa história do crime original. Recordo com especial interesse o trabalho sobre o *Abel Sánchez*, de Unamuno, apresentado por Sílvia Túbert (Carlos Castilla del Pino (org.), *La envidia*, Madri: Alianza, 1994, p. 45 ss.). (N. A.)
15. Mas já era tarde para introduzir modificações ou novos caminhos naquele trabalho, visto que estava bastante avançado, de maneira que o concluí, guardando, sem dúvida, as notas que o artigo de Ferlosio me sugeriu. Espero que este ensaio sirva como o comentário que Ferlosio há tanto tempo me solicitara. (N. A.)
16. Embora nem tanto. Pus-me a tomar notas no momento em que realizasse sua versão definitiva. Com algumas delas já incorporadas, apresentei parte do texto na conferência de encerramento da Semana Espanhola de Ética, celebrada em Cuenca, em setembro de 1997, da qual os organizadores tiveram a gentileza de me encarregar. O trabalho primitivo havia crescido alguma coisa em apenas dois meses e assim ficou enquanto esperava sua edição. Mas esta atrasou, e de fato não chegou a se realizar, apesar dos esforços de Rodríguez Aramayo, que procurou dedicadamente a publicação daquelas atas. (N. A.)

Quando tudo isso já alcançava uma espessura mediana, chegou-me ao conhecimento que o filósofo francês Jacques Derrida estava se dedicando, em Paris, já havia três anos (portanto, estranha coincidência), a um seminário todo voltado precisamente ao assunto do perdão e do arrependimento, desde a mesma época em que eu e Ferlosio havíamos conversado sobre aspectos desse tema.[17] De modo notável, também várias proposições de fundo eram similares. Outras, em absoluto. Li também com muito interesse a entrevista que Derrida deu para concluir aquele seminário. Com interesse e um pouco de enfado, pois me parecia que ele deixava de lado assuntos importantes. Com tudo isso, pareceu-me que não se poderia tratar de pura coincidência. Como conservo vestígios hegelianos, tendo a pensar que se, em âmbitos e espaços diferentes, uma ideia aparece ao mesmo tempo, é que algo está para nascer. Por que o perdão está começando a ser tão relevante?

Depois sobreveio o silêncio. Passou-se um par de anos. Segui com o assunto, mas pouco se publicava. Meu trabalho voltou a ser solitário. Em 2002, apresentei parte dele como aula magistral numa cátedra (a de Ética, na Universidade de Oviedo, que então houvera obtido). E se restaurou o silêncio. Começou a repontar em 2004 o tema da memória, mas não se falava em associá-lo ao perdão. Já então, Derrida se tinha ido deste mundo e Ferlosio mudara de interesse. O tema da memória crescia, mas, por estas paragens, dentro de uma polêmica cheira de bílis. E assim prossegue.

Os grandes textos sobre o perdão costumam ser produzidos depois de fatos graves, como foi o caso de Vladimir Jankélévitch. Esse filósofo ruminou seu texto sobre o perdão durante mais de

---

17. *Le Monde des Débats* publicou uma entrevista exaustiva com Derrida a propósito de suas aulas em dezembro do mesmo ano, entrevista que foi reproduzida, quase completa, por *Letra Internacional*, em seu número 67 do verão de 2000. (N. A.)

vinte anos. Era juiz e parte interessada. Trabalhou após a experiência do antissemitismo e da *Shoah*. Investigou o perdão, mas também publicou *L'imprescriptible*, baseado em sua experiência de judeu francês perseguido, afastado da docência pelo governo de Vichy e membro da Resistência. Seus escritos decantam a terrível experiência da Segunda Guerra Mundial e do Holocausto na Europa. Teve que remoer muito cada coisa que escrevia. E as escreveu, como Primo Levi, quando teve forças para isso. Algo assim também ocorreu com Derrida. Inclusive, Derrida interveio, como conferencista e estudioso, e com frequência, em lugares como a África do Sul e outros que haviam passado por graves conflitos fratricidas. Chamavam-no para que a reflexão ajudasse na cura de enormes feridas civis.

Nesses últimos anos, tais guerras, declaradas ou não, não têm faltado. Houve na América e na África, como também na Ásia. Na América, em países como Chile, Argentina, Uruguai, Guatemala, que, para prosseguir, enfrentaram processos de paz e de perdão, processos de memória igualmente duríssimos.[18] Na África, Ruanda e África do Sul costumam ser os exemplos mais claros, mas quase nenhum novo Estado pôde se libertar de guerras espantosas. E alguns ainda as padecem. Na Ásia, Vietnã ou Camboja são exemplos aterradores de conflito e de genocídio. Em todos esses lugares, quando as pessoas acabaram com a violência mútua, houve prolongados processos de paz, os quais, de fato, alguns países ainda não concluíram. Isso explica que o tema do perdão ponha a cabeça para fora d'água, de modo intermitente, durante esses primeiros dez anos do princípio do milênio. E daí se chegue, gota a gota, a alguma bibliografia, eminentemente prática.

---

18. Especialmente interessante para o caso da América Espanhola é a obra de Sandrine Lefranc e Horacio Pons, *Políticas del perdón*, Bogotá: Norma, 2005. (N. A.)

Enquanto houver Caim, haverá morte e sinal. Ciente disso, decidi dirigir-me para as pazes obrigatórias que a Europa teve de realizar após seu convulsivo século XX. Encontrei, como disse, Jankélévitch.[19] Ele havia sido mestre de uma filósofa amiga, Michelle Le Doeuff, e sei por ela que Jankélévitch foi também uma pessoa mais do que singular. Sua tese era forte: o mundo antigo não conheceu o perdão. Talvez procurando por aí... Em algum lugar havia uma fronteira entre dois mundos morais, e o perdão parecia fazer parte dela.

O melhor foi voltar aos grandes clássicos da história das ideias morais, que não passam, e o interesse que alguns mostraram, como Lecky, por exemplo, pelas formas mais elementares da vida moral. Westermack também, que repassara a origem e o desenvolvimento das ideias morais e havia encontrado tanto a violência originária como a incorporação de sucessivos "indultos" ao processo de hominização. A morte de pais, de enfermos, o feticídio, das mulheres e dos escravos, e como cada uma dessas condutas ia sendo superada. Entrar nessas obras fundadoras demandou tempo. Mas conhecer os registros das morais arcaicas foi uma aventura intelectual extraordinária.

Contudo, ao lado da teoria, a prática sempre apresentava sua reivindicação. De modo que tive de me meter nos debates da "perdoabilidade", que tanto espaço tomou na filosofia e na psicologia americanas da última década. Já não se tratava de história nem de sentido histórico, e sim de interesse psicológico em perdoar, que não parou de crescer a propósito dos benefícios do arrepender--se e do perdoar. Mais do que isso, saltavam continuamente outros

---

19. *El perdón* (1967), Barcelona: Seix Barral, 1999, tradução espanhola de Núñez del Rincón, e *L'imprescriptible*, Paris: Seuil, 1986. (N. A.)

motivos que podiam estar a eles relacionados. Durante uma jornada de entrega dos prêmios Príncipe das Astúrias, tive a ocasião de compartilhar longos momentos com uma figura a quem admirava havia muito tempo, Jane Goodall. Sua autobiografia, *Gracias a la vida*,[20] me havia comovido por seus relatos indisfarçados sobre a violência no grupo de chimpanzés que estudava. Não parecia crer que a agressividade fosse algo adquirido. E apresentava casos inquestionáveis de ataques como o de Caim, canibalismo e violência extrema. Descrevia-os como outras condutas possíveis. Quando lhe perguntei, comentou que, em certas ocasiões, quando os indivíduos mais violentos também sofriam posteriormente violência, não podia deixar de pensar que "se realizara uma espécie de justiça". Isso, por me deixar comovida, levou-me às suas crenças profundas sobre a equidade do que ocorre, crenças que, agora estou convencida, pertencem ao pano de fundo comum da humanidade.

E havia todas as fontes religiosas de nossa tradição monoteísta para ir seguindo o fio do perdão e comprovar onde e como ele se desenvolveu. E os contributos da antropologia. Todas as ideias de pecado e pureza lhe estavam também conectadas. Ritos e práticas que podiam aparecer na leitura de uma fonte inesperada, os diários de uma princesa chinesa, que esclarecia os ritos de pureza. Ou ainda sistematizados num ensaio de Mary Douglas, a figura da antropologia do século xx que mais trabalhou sobre o modo como edificamos nosso mundo simbólico. Ela havia tentado uma leitura antropológica dos textos que legislam a pureza no Antigo Testamento,[21] depois de nos ter proporcionado o melhor guia para se

---

20. Jane Goodall, *Gracias a la vida*, Barcelona: Mondadori, 2000. (N. A.)
21. Mary Douglas, *El Levítico como literatura*, Barcelona: Gedisa, 2006. Nessa obra, compara o Levítico com o Deuteronômio, a fim de classificar os modos de morte e de sacrifício e, pela mesma maneira, de exoneração do pecado. (N. A.)

estudar esse fenômeno universal, seu inigualável *Pureza e perigo*. A algo parecido também se propuseram os trabalhos de René Girard. Todo o seu esforço aposta na possibilidade de compreendermos o papel que a necessidade da vingança tem nas sociedades prévias e de entendermos também, como consequência, a ideia de justiça encarnada em nossas instituições.[22] Cada vez mais se tornava claro haver um marco ontológico no qual se inscrevem a dívida, o perdão e a memória. E que tal marco afeta a humanidade inteira. A releitura de Ruth Benedict acabou por me confirmar isso: ela realizou a primeira incursão profunda na ideia de que tudo se paga. Fê-lo centrando-se no Extremo Oriente, no Japão,[23] mas o que obteve é válido para a grande maioria das ideias de compensação, presentes em todas as sociedades. Seu "on", o princípio devedor que se paga ou se acumula, tinha correlação com o "mana", o princípio de pureza que se tem ou que se perde por ações ou por paixões. Benedict estudava a obrigação de devolver e seu papel no que chamou de "sociedades da vergonha". Mas encontrava os mesmos padrões de base mostrados pelos textos sacros e filosóficos do antigo Mediterrâneo.

Todos esses recursos entretiveram minhas horas durante um longo lustro. E entregar-me a cada um deles era agradabilíssimo. Passar horas estudando-os foi de importância inestimável. Mas tinha que dar o meu texto por terminado. E sempre aparecia algo para buscar, em outros campos. Por que não os profundos estudos de Remo Bodei sobre as paixões? Ao fim, as condutas morais

---

22. Refiro-me, está claro, a seu magistral *La violencia y lo sagrado*, no qual estuda o processo infinito, interminável, que a vingança abre. Mas também estudou os textos sacros com enorme rendimento em *La route antique des hommes pervers* [O caminho antigo dos homens perversos], ou *Je vois Satan tomber comme l'éclair* [Vejo Satan cair como o relâmpago]. (N. A.)
23. Ruth Benedict, *El crisantemo y la espada*, Madri: Alianza, 1974.

e seus marcos de possibilidade são jogados com esse *software* e, além disso, Bodei as tratava como fatos históricos, como presenças em marcos.[24] E, quando decidi que tinha o texto quase pronto, apareceu no outono de 2009 o inteligentíssimo ensaio *Payback*, de Margaret Atwood. Jurei que seria o último. Basta. Devo concluir. Foram anos em que voltei a estudar o tema, de retirar e acrescentar inúmeras vezes, pois essa indagação é fruto de todas essas incitações e registros, do tecer e do desmanchar. E como é preciso eleger-lhe um ponto de partida, me decidi pela ordem cronológica e passo a expor as linhas gerais de seu primeiro desencadeador: o artigo de Rafael Sánchez Ferlosio, aquele que estava no início, na longínqua primavera de 1996.

---

24. Remo Bodei, *Una geometría de las pasiones*, Barcelona: Muchnik, 1995, especialmente o capítulo dedicado à Revolução Francesa, "El terror e la virtude", p. 487 ss. (N. A.)

II

O SINAL DE CAIM

O sinal de Caim sempre demonstrou ser ao menos tão obscuro de interpretar quanto "o pecado contra o Espírito Santo". São duas peças maiores de investigação dentro dos textos e dos mitos herdados. Ferlosio ia desvendá-lo naquele artigo,[1] de modo que me concentrei em seu texto. Começava, de modo bastante literário, com uma pesquisa sobre o significado das palavras; centrava-se no "arrepender-se" e procurava esclarecer em que essa ação difere do sentir remorso. Parecia obscuro, embora talvez fosse certo. Pode-se estar seguro de que alguém se arrependa de algo de que não sente remorso? Para sustentar isso, afirmava que a linguagem admite expressões que aceitam o "arrepender-se a tempo", mas em verdade, escrevia, só nos é permitido arrependermo-nos daquilo que efetivamente sucedeu: "O objeto do arrependimento não pode ser neutro; há de haver alguma forma ativa, ou seja, de vigência

---

1. Rafael Sánchez Ferlosio, "La señal de Caín", *Claves de la Razón Práctica*, jul.-ago. de 1996, nº 64.

persistente".[2] Depois dessa aguda observação, Ferlosio procurou lembrar-se de outra frase feita do castelhano que lhe permitisse seguir procurando nas cavernas do idioma e encontrou esta: "O pecador sempre está a tempo de arrepender-se". E então avançava esta tese: que o arrependimento entra numa relação comunicativa com a expiação, pois por ambos se obtém o perdão. Esse foi o princípio que desencadeou o meu estudo. Pois, ao chegar a esse ponto, para copiar uma expressão do próprio Ferlosio, "as orelhas se levantaram como as de uma lebre". Esqueci-me de repente do sinal de Caim porque outra coisa me havia subitamente atraído a atenção. Talvez Ferlosio estivesse caindo num anacronismo. Sua incursão lateral no perdoar retrocedia todo o tema a outro de filosofia moral, que para mim origina um dos mais interessantes: a história das formas morais arcaicas.

A moral arcaica

Assim chamamos a um período não muito bem definido da história da moral. Um tempo do qual conservamos referências em algumas fontes clássicas, anteriores à discussão ética, uma era dominada por mandados com poucas exceções e presidida pelo objetivismo moral. Nesses momentos antigos, várias coisas que nos parecem fundamentais, e mesmo elementares, não existiam. Por exemplo, a intenção, o sujeito livre, a consciência, a responsabilidade individual... Julgar um texto bíblico sem considerar esse contexto... Continuei lendo e estudando o trabalho do genial mestre Ferlosio, mas não podia tirar da cabeça que em sua argumentação ele havia cometido, talvez inadvertidamente, um deslize de consequências amplas

---

2. *Ibidem*, p. 3.

em demasia. A lógica então vigente, quando o texto do Gênesis fora fixado, não se conformava com a ontologia que Ferlosio empregava; ao contrário, funcionava dentro de outra muito diferente.[3] Uma na qual o arrependimento e a expiação não eram comutativos. No mundo do objetivismo moral, a intenção não conta, mas, afinal, "tudo acontece por causa de alguma coisa". Esse mundo nos foi desvelado, em primeiro lugar, por antropólogos da escola de Durkheim, figuras imensas como Lévi-Bruhl ou Mauss, que nunca esqueceram em seus importantes trabalhos de ressaltar esse ponto em comum entre as "culturas primitivas" e nossa própria tradição. Um aborto ocultado pode fazer com que a chuva desapareça. Um adultério assegura que a mãe morrerá no parto. Em outro lugar, a infidelidade feminina pode acabar com a pesca. Uma aversão provocará terremotos...[4] Se os atores edificam seu mundo com tais crenças, elas podem se tornar operativas.

O objetivismo moral

A intenção é bastante moderna. E a moral grupal corrente, chamemo-la ética, quase nunca dela necessitou. O mal realizado não necessita do concurso da intenção. Pelo contrário, é objetivo, está

---

3. A lógica é um cálculo e, como tal, pode funcionar dentro de marcos ontológicos, sem deixar por isso de ser correta, mas dificilmente os transforma. Que essa precisão seja feita para separar-me das posturas tomadas por Lévy-Bruhl em sua obra *La mentalidad primitiva* (1922), Buenos Aires: La Pléyade, 1972, que atribui à falta de lógica a conduta de alguns iroqueses que, ao verem que se davam ferramentas na oficina colonial em troca de papéis, se apresentavam com qualquer papel que encontravam para, por sua vez, serem trocados por outros utensílios. Em tal conduta não há nada de ilógico; é, pelo contrário, muito sensata. Há apenas desconhecimento do marco ontológico. (N. A.)
4. Lévy-Bruhl, *La mentalidad primitiva*, op. cit., p. 234 ss.; Mauss, *Sociología y antropología*, Madri: Tecnos, 1971, p. 297 ss. Não posso deixar de citar que no Irã, há poucos meses, certos clérigos avisaram que se produzem movimentos sísmicos por causa da pouca vocação com que as mulheres portam o xador. (N. A.)

aí. Permanece independentemente do agente e do que este quisesse fazer. As intenções são apenas palavras. São explicações *a posteriori* que não acrescentam nada ao ato; por exemplo, se é passível de punição. Quando se estudam as formas normativas arcaicas, presentes tanto na história de nossa civilização quanto a nós chegadas em forma de sobrevivências, não é difícil comprovar que a intenção quase nunca é levada em conta na consideração do ato em si, que, pelo contrário, é julgado como algo objetivo. E as sobrevivências desse objetivismo são numerosas: são encontradas em infinidades de ocasiões vigentes em grandes subsistemas do conjunto normativo ocidental, como no direito, e também aclamadas em outros sistemas normativos diferentes do nosso. O objetivismo se mede pelo dano produzido, não pela intenção, que podia não ter sido danosa. E vai desde a nossa figura de "dolo eventual" até o costume de condenar animais ou seres inanimados, ainda presentes em algumas codificações especiais.

É uma feição arcaica. E, no mundo da qual provém, a ideia de que o arrependimento comuta o dano não tem qualquer sentido. O dano está aí, existe. E busca outro tipo de satisfação. Por sua própria lógica, o arrependimento ou a intenção são assuntos subjetivos que em nada substituem o prejuízo. Ao contrário, o mal causado se levanta sobre si mesmo com toda a sua potência vindicativa. Exige o que lhe é devido, a pena.

A essa lógica costumamos chamar "objetivismo moral". Corresponde-se ainda com uma linguagem moral objetivista. Nela, os termos que conotam valor, como "bom", "mau", são descritivos. Os feitos e os valores não se separam. Entre eles não há distâncias ou sombras. Essa história é a que Alasdair MacIntyre, versado historiador da ética, chama de história pré-filosófica dos termos morais.[5]

---

5. Alasdair MacIntyre, *Historia de la ética*, Buenos Aires: Paidós, 1970, p. 15 ss.

Desses usos temos fartos exemplos, mas basta aqui a análise que esse filósofo faz, nos primeiros capítulos de seu livro, de termos como *agazós* ou *areté*.[6] Procurarei reproduzi-la. Ambas as palavras pertencem ao grego clássico; expressam o bom e o mau, mas o fazem de forma peculiar. Alguém é "bom", *agazós*, com bastante independência de suas disposições morais, quaisquer que sejam elas. É "bom" porque nasceu "bom", de bons pais. E suas velhacarias, mentiras ou crueldades, mais do que possíveis, não lhe vão retirar o qualificativo, pois não é de ordem moral e sim de algo seguro: de sua posição no grupo social e do respeito que merece. Faça o que fizer, é bom. E o mesmo vale para *kakós*, mau. Os bons são os melhores, têm autoridade, lutam com boas armas. Os maus o são por nascimento, formam a tropa e lançam pedras. Entre ambos há um abismo. O mau não pode deixar de sê-lo, não está em suas mãos. Deve-se assinalar que assim funcionaram os termos *nobre* e *vil* durante a vigência plena da sociedade feudal. Da mesma maneira, observa MacIntyre, "não é possível eludir a culpa e a penalidade dizendo que não se podia deixar de fazer o que se fez". Os predicados morais não se aplicam como em nossa sociedade. Além desse uso descritivo dos termos que denotam valor, em essência, recordo de minha parte que, tanto nas sociedades arcaicas quanto em muitos povos primitivos, a consideração objetiva do ato distingue-se de quaisquer circunstâncias de seu autor.

---

6. A ideia, de todo modo, não tem origem em MacIntyre. Seu roteiro interpretativo se baseia em trabalhos dos anos 1950 e é compartilhado por vários eruditos da história das formas morais. MacIntyre, e nisso o acompanho, toma como base H. Adkins, *Merit and Responsability: a Study in Greek Values* (1960), mas também, indubitavelmente, os trabalhos enciclopédicos sobre as formas morais primitivas produzidos por W. E. Lecky, *A History of European Morals from Augustus to Charlemagne* (1866), e E. Westermack, *The Origin and Development of the Moral Ideas* (Londres, 1906). São ambas obras extensas que fazem parte de todas as coleções de filosofia moral das bibliotecas anglo-saxônicas. (N. A.)

O objetivismo persiste em alguns usos que hoje nos surpreendem como caprichos: por exemplo, condenar uma máquina, como por vezes sucede com armas, em certos códigos e ritos militares, ou condenar um animal. Um canhão ou um fuzil podem ser condenados porque dispararam fora de hora; também um cavalo que tenha ferido alguém. São sobrevivências de usos arcaicos, mas aí estão. São sinais que apontam para o passado, sobrevivências que nos indicam as origens.[7]

Acrescento, todavia, que o objetivismo moral não apenas não se detém aí, mas se torna correlato a uma visão de mundo em que qualquer desgraça, individual ou coletiva, é assimilada a um castigo. Assim, as enfermidades ou as catástrofes naturais são interpretadas como punição por atos anteriores, inclusive no caso de o sujeito não os ter cometido, e sim sua comunidade ou seus ancestrais.[8] Resumo, pois. O objetivismo moral comporta três feições: usos descritivos dos termos valorativos, consideração objetiva com independência das intenções do agente e uma ontologia em que o mal corresponde a outro mal, que o cancela. E o marco ontológico, que é o que resulta decisivo, é a "ontologia da dívida". Todo mal é o resultado de um mal prévio, do qual se constitui como castigo.

A *Ilíada* começa com um. Os gregos que foram a Troia estão morrendo como moscas. Diante da peste que se desatou sobre o exército aqueu, o adivinho Calcas é chamado. Depois de pedir segurança para o que vai dizer, afirma que Apolo está matando com suas flechas

---

7. Não resisto a citar a condenação ditada pela Junta Geral do Principado de Astúrias contra ratazanas no século XVI: condenação ao desterro por atacar bens e semeaduras, que as condenadas não pareciam querer cumprir. Até que lhes foram construídas pontes para que pudessem transitar. As fontes asseguram que, podendo cruzar arroios e riachos, elas se foram de maneira ordenada. (N. A.)
8. J. Delumeau, *El miedo en Occidente*, Madri: Taurus, 2000, especialmente pp. 165-170, 202, 213-7 e 343. [Traduzido no Brasil como: *O medo no Ocidente*, São Paulo: Companhia das Letras, 2009.]

os guerreiros por causa de um mal provocado por um *agazós*, por um "homem bom". O deus fere os homens porque Agamenon roubou um de seus templos, aquele cuidado por Crises e sua filha, Criseida. O mal não cessará até que esses atos sejam reparados (Canto I, 68 ss.). Pela reparação, ou melhor, pelo desejo nulo que Agamenon tem de fazê-la, desatar-se-á o conflito que o poema narra. Mas o assunto é claro: os guerreiros morrem porque as flechas do irritado Apolo os matam, ainda que não tenham participado do saque ao templo.

Do mesmo modo, e sem sair por um momento do contexto grego, Édipo não é menos culpado do parricídio e de seu incesto por não os conhecer. O adivinho Tirésias lhe explica que a peste que a cidade sofre tem sua causa em gravíssimas ações que desataram a cólera divina. Interrogado com mais profundidade, revela ao rei que ele próprio é o motivo. Matou seu pai e se casou com sua mãe. E essa abominação provoca os males e a peste que se abateram sobre a cidade, ainda que não o saiba nem o queira. No contexto grego arcaico, na sociedade que os poemas homéricos refletem, os usos de "bom" e de "mau" não são problemáticos. São usos apenas descritivos. "Bom" quer dizer nobre e poderoso. E isso não é posto em dúvida. Não alude a qualidades morais que costumamos agora chamar de bondade. Será a mudança desse marco objetivista que dará origem à ética, tal como a conhecemos.[9]

E o assunto não se limita às epopeias. Também os historiadores gregos dão exemplos. Xerxes, que vai submeter os gregos, faz com que se açoite o Helesponto, pois este, agitado, não permite aos seus engenheiros construírem as pontes de barcos para que o exército persa passe.

---

9. Adkins situa a transição para um uso mais próximo aos contemporâneos em Eurípedes, embora não por completo (*Moral Values and Political Behaviour in Ancient Greek*, Nova York: Norton, 1972, p. 115). (N. A.)

Mas sucedeu que, unidos já por completo os barcos, levantou-se uma forte tempestade que, rompendo todos os cordames, desfez a ponte. A notícia encheu de cólera o ânimo de Xerxes, que, irritado, mandou dar no Helesponto trezentos açoites de boa mão e jogar ao fundo, ao mesmo tempo, um par de grilhetas. Ouvi mais ainda a esse respeito; que enviou para lá uns verdugos para que marcassem o Helesponto. O certo é que ordenou que, durante o tempo em que o açoitassem, o acometessem com injúrias bárbaras e ímpias.[10]

No Antigo Testamento também sobram exemplos similares. Yahweh castiga com frequência o povo hebraico com pestes, cativeiros e derrotas. E o faz independentemente de quem tenha sido o culpado; faz isso cada vez que o povo toma liberdades ou acorre aos deuses vizinhos. Deus envia calamidades, e seu trono, a Arca da Aliança, produz a morte de quem o toca, ainda que a ação tenha sido feita para que não balançasse, para sustentá-lo ou para que não caísse. A Arca só pode ser tocada, sem perigo, pelos levitas designados. O sumo sacerdote tampouco pode atravessar a cortina do templo, a não ser um dia por ano e manchado com o sangue de um cordeiro; caso contrário, a presença de Adonai poderia matá-lo. Para isso não é necessário que Deus esteja encolerizado, que é um caso mais grave.

A cólera divina pode ser descarregada sobre o culpado ou sobre seus descendentes, "até a quarta geração", como nos é dito. E será lançada na forma de desgraças. O pecado do sumo sacerdote, por exemplo, faz todo o povo culpado. Além disso, o pecado existe mesmo que dele não se dê conta quem o comete. O pecado não é algo espiritual, é uma imundície que mancha. Tocar inadvertidamente algo impuro, animal ou humano, traz a impureza. Também

---

10. Heródoto, *Los nueve libros de la historia*, Madri: Aguilar, 1969, p. 826.

se peca por palavras ditas sem pensar, por comer ou beber alimentos contaminados. É-se impuro por parto ou por padecer de enfermidades. Tudo isso é sem intenção, mas não importa. Também os animais são condenados por atos realizados por seres humanos.[11]

Nossa mentalidade, herdeira do Século das Luzes, nos espanta ou nos faz sorrir ante tais exemplos. Consideramo-los mera curiosidade ou, de modo um pouco mais preciso, fruto de tempos obscuros e supersticiosos. Algo do espírito positivo do século XIX permanece nessas atitudes atuais. Já não condenamos galos à fogueira nem afirmamos que quem sofre de algum mal foi "por alguma coisa que mereceu". Entendemos nossas atitudes contemporâneas como moderadas e racionais. Cremos que padecer males é um infortúnio, embora os sigamos chamando de má sorte. Sem dúvida, o mundo anterior nos parece fascinante, mas o século XX foi um século hermenêutico. Seu imperativo, que ainda nos acompanha, pensa no aprofundamento do sentido histórico; consiste em contextualizar e entender. Esse passado moral entra na cota dos mundos a serem compreendidos, porque já superados. Mas realmente já o superamos? Deixemos essa questão para mais adiante e recuperemos, para pôr em seu autêntico contexto, aquela afirmação de Ferlosio, a de que do arrependimento se obtinha o perdão.

O mal é comutativo: intenções e arrependimento

Parece que Ferlosio havia ultrapassado por completo aquele mundo e todas as suas abundantes sobrevivências. Em sua

---

11. É o caso da zoofilia, no Levítico — por exemplo — 20, 15-16. Todos os exemplos anteriores também procedem de passagens do Levítico. (N. A.)

argumentação havia vários subentendidos, ao menos três, que evidenciavam o que não estava expresso. Um, que o indivíduo que realiza uma ação má pode arrepender-se dela sem que se interponham as consequências, arrependendo-se, por assim dizer, espontaneamente; dois, o mais forte, que o perdão faria desnecessária a expiação; e ainda mais outro: que a ontologia de quem fixou o texto de Caim tivera a intenção de ser individualista. Tais subentendidos afetam o que parece ser, em seu caso, uma crença não argumentada. É como se supusesse que os conceitos e as linhas com que se traçam agora a figura da consciência individual e sua responsabilidade nos acompanhassem desde sempre. Como se não tivessem data de invenção, de aparecimento nem avatares históricos.

Serei abrupta. Escrevia Ferlosio: "O pecador sempre está a tempo de arrepender-se. A ominosa paciência do Altíssimo sabe alargar e prorrogar sua espera, de modo que o único sujeito que parece podermos repreender com propriedade pelo *arrepender--se fora de hora* seria aquele que já estivesse no Inferno".[12] O que Ferlosio parecia estar supondo é que o arrependimento é o pagamento pelo ato mau. Afirmava, além disso, imediatamente: "Que o arrependimento exima o pecador da expiação quer dizer que está em relação comutativa com ela".[13] Mas como o arrepender-se pode remir a dívida contraída?

Nem no passado nem hoje tem sido assim. Que o arrependimento valha por uma comutação da pena seria uma estranha novidade, onde quer que se tenha produzido. Em tempos menos benévolos, naqueles em que essa lei foi gestada, isso carecia de lugar

---

12. R. S. Ferlosio, "La señal de Caín", *op. cit.*, p. 3.
13. *Ibidem*.

ou propósito. Ao mal há de seguir-se outro mal, comutativo com o primeiro, que restaure a justiça. Um novo mal, estritamente comutativo. O mesmo pelo mesmo. Podemos ler no *Código de Hamurabi*:

> Se um pedreiro edificou uma casa para um senhor, mas não deu solidez à obra e a casa que construiu caiu e causou a morte do proprietário, esse pedreiro receberá a morte. Se foi ao filho do proprietário que causou a morte, receberá a morte o filho do pedreiro.[14]

O mal pelo mal; o mesmo mal por mal idêntico, ainda que quem deva sofrê-lo não tenha algo a ver com o primeiro mal. Acrescento outro caso:

> Se um homem a uma jovem, filha de outro homem, que vive em casa de seu pai [...] que ainda não foi pedida nem deflorada, nem tenha sido dada em matrimônio, e nem tenha ele direito de reclamação em casa de seu pai, se esse homem, no povoado ou no campo, à noite, na rua, ou em sala de festas, assim como por ocasião das festas patronais da cidade, se esse homem toma por força a jovem e a viola, o pai da jovem o fará com a esposa de quem tenha se deitado com a jovem e a entregará à violação; e não a devolverá ao marido, com ela ficando.[15]

---

14. *Código de Hamurabi*, coluna XVIII, 229-31, Madri: Editora Nacional, 1982, edição preparada por Federico Lara Prieta. Outros exemplos poderiam ser acrescentados, como o da p. 114. (N. A.)
15. Tabuinhas contendo leis assírio-médias. Editadas em *Códigos legales de tradición babilónica*, edição e tradução de Joaquín Sanmartín, Madri: Universidade de Barcelona-Trotta, 1999, p. 223. E, desgraçadamente, não se precisa viajar no tempo. Recorde-se o caso de Mujtar Mai, violada em uma aldeia paquistanesa. Seu delito foi o de ser irmã de um garoto de 12 anos que havia sido visto em companhia de uma jovem de etnia superior. Mujtar foi repetidamente violada, enquanto a ação era aplaudida por uma centena e meia de homens. Tais fatos sucederam em junho de 2002. (N. A.)

Que ação foi realizada pela inocente mulher do violador? Isso não importa. Mal por mal, que seja o mais parecido. Esse segundo caso só por um triz está distanciado da comutatividade extrema. O que torna sagrado esse novo mal é que é avalizado por uma instância supraindividual, alheia, a própria majestade da lei, e não pela legítima e aguardada vingança do agravado. Este confia àquela instância sua vingança e, assim, não lhe cabe sofrer uma vingança posterior, após ter sido feita justiça. Nada pode vingar-se da justiça. Por isso Hegel afirma que a justiça, que é taliônica em sua origem, evita a série potencialmente infinita das vinganças. Inclusive a moderna. Enquanto tribunal externo aos sujeitos comprometidos por um ato mau, a justiça não é vingativa, mas punitiva, escreve o filósofo. Estabelece um ponto-final.[16] Estabelece o preço e faz com que seja pago. Quando o mal é cancelado mediante o cumprimento da pena, então se pode dizer que "todo o ato está consumado".

Marcas taliônicas: clemência e lei

Quando a instância objetiva, que é a lei, aplica o castigo, quer dizer, pondera, pesa o mal e o faz equilibrar-se com outro mal de igual peso (não é em vão a balança[17] como ícone elementar da

---

16. Essa ideia de Hegel é a desenvolvida por Girard em *La violencia y lo sagrado*, Barcelona: Anagrama, 2002. A respeito da infinita sequência da vingança, proponho um exemplo recolhido por Ch. Doughty, na Arábia: um xeque suicida-se; a essa morte segue-se a de seu herdeiro, assassinado por seu filho, assassinado por sua vez por seu sobrinho, o que desencadeia uma matança de todos os parentes. É a mesma experiência que os livros sagrados transmitem. Conferir *Arabia deserta*, La Coruña: Ediciones del Viento, 2006. (N. A.)
17. É especialmente ágil a investigação que M. Atwood propõe sobre esse símbolo em sua obra *Payback*, Toronto: House of Anansi Press, 2008, p. 25 ss. Dedica todo o primeiro capítulo às "balanças antigas", no qual descobre a presença desse ícone nos subentendidos de toda justiça nas civilizações antigas do Crescente Fértil e do Mediterrâneo. No Egito, a balança está até mesmo deificada sob o nome da deusa Ma'at e governa os próprios princípios da natureza e do universo. (N. A.)

justiça), evita, como já se disse, a série potencialmente infinita das vinganças. Pelo mesmo motivo, a justiça é taliônica[18] e, nesse sentido, menos equilibrada do que a vingança. Quando pede um olho por um olho e um dente por um dente, ou faz equivaler feridas a riquezas, roubos a mutilações e mortes a mortes, a justiça, na realidade, modera a vingança, cuja lei é caracteristicamente mais justa, posto que sempre conta com o peso acrescido de quem iniciou a ação. Obter um olho por um olho é, se bem observado, pouco para o agravado, que preferiria desfrutar de ambos. Alguém lhe tirou um por sua própria vontade e esse começar a ação, caso se julgue conforme a vingança, não requer deixar o agressor com um, mas cego. Mas eis que a justiça objetiva freia esse *plus*[19] da vingança e estabelece uma tábua de equivalências, para que ninguém se sinta vingado, mas somente ressarcido.

Pois bem, é óbvio que a justiça perdoa, uma vez que castiga. Uma vez cumprido o castigo, nada mais pedirá. E é claro que tampouco pedirá o arrependimento do ofensor ou o perdão do ofendido. Sua razão é o cumprimento da pena. Quem a cumpriu está em paz, "nada deve", "já pagou" e está limpo.

Essa justiça, em todo caso, deixou sua marca no culpado; muitas vezes, é uma marca física, um sinal. As penas de que falávamos são penas aflitivas. Amputam-se mãos e pés, arrancam-se olhos, corta-se a língua, marca-se com ferro em brasa. Outras

---

18. É taliônica no Antigo Testamento e também no Corão: "A pena de Talião está escrita para o crime. Um homem livre será condenado por um homem livre, um escravo por um escravo, uma mulher por uma mulher. Quem perdoar terá direito a exigir uma indenização razoável, que lhe será paga com gratuidade" (Sura II, v. 173). E o ensinamento se completa com o 175: "Ó vós que tendes um coração, encontrareis no Talião e no medo que vos inspira a segurança de vossos dias". (N. A.)
19. O *plus* sobre a mera comutatividade taliônica é reconhecido em várias ocasiões no Êxodo e em Números; é o "quinto a mais pelo agravo", ao qual tem direito o ofendido ou o sacerdote. (N. A.)

A MEMÓRIA, A JUSTIÇA E O PERDÃO

vezes, o réu é atingido em seus bens, em sua família.[20] Quanto mais retrocedemos no tempo, com maior abundância encontraremos tais marcas como sinais no corpo do declarado culpado. Essa justiça usa, como digo, penas aflitivas. Açoita, mutila, estigmatiza com ferros quentes. Toma vidas e bens. Destrói moradias, rebanhos e campos; encarcera o culpado e o vende. Vende seus filhos. Desonra uma estirpe para a posteridade. Aniquila-o.

Ademais, tal justiça, por ser como é, sempre castiga os filhos pelas culpas dos pais, e desse modo pode-se dizer que as culpas são herdadas, pois se herdam os resultados do castigo executado. Se um delito é cobrado em bens, a família do culpado herda a culpa porque herda as consequências. E ainda se pode dizer que isso é clemente, comparado com a possibilidade de que toda a família seja condenada à marca física, à morte ou à amputação. Que todos os membros de um grupo tenham que pagar pelo que um só tenha feito é uma forma arcaica e bárbara de ressarcimento que o talionismo estrito, até certo ponto, modera. A culpa, repito, deixa sua marca.[21]

O corpo marcado é infame. Por isso mesmo, toda falibilidade e toda fraqueza do corpo que o façam semelhante a um corpo

---

20. Que nos lembremos, por exemplo, da sentença dada a Tiradentes, prolatada em 18 de abril de 1792 e que, além da morte pela forca e, na sequência, a amputação da cabeça e sua exibição pública, acrescia: as autoridades "declaram o Réu infame, e seus filhos e netos, tendo-os, e os seus bens aplicam para o Fisco e a Câmara Real, e a casa em que vivia em Vila Rica será arrasada e salgada, para que nunca mais no chão se edifique, e não sendo própria, será avaliada e paga a seu dono pelos bens confiscados e no mesmo chão se levantará um padrão, pelo qual se conserve em memória a infâmia deste abominável Réu". (N. T.)
21. A negação tanto do talionismo extremo como do uso das penas aflitivas não chegará ao Século das Luzes, pela obra de Beccaria, *Dos delitos e das penas*. O mundo antigo não rechaça essa marca nem quase nunca modera essa violência. Que as penas aflitivas devam desaparecer é consequência de uma nova ideia de dignidade humana e de uma nova sentimentalidade que não se produziu a não ser no século XVIII e que, no entanto, não é planetária, pois há países, e a Arábia Saudita é um exemplo, onde os dias de festa oficial continuam dedicados a penas públicas, amputações e mortes incluídas. (N. A.)

castigado são interpretadas, por sua vez, na era de plena vigência do que chamei "ontologia da dívida", como castigo. Marca evidente de um mal que a mera justiça humana não soube detectar, mas que teve um outro juiz, que tampouco perdoa incondicionalmente. As potências divinas castigam todos os males nos corpos, nos rebanhos, nas colheitas, inadvertidos ou não. Mostram sua cólera. Ferreteiam.[22] Lembremo-nos de Jó. Está abandonado e deprimido. Sua casa ruiu, seus filhos morreram, assim como seus rebanhos, sua riqueza se esfumaçou e, se ainda fora pouco, seu corpo cobriu-se completamente de chagas, que ele coça com um pedaço de telha. As chagas, as pústulas, o fedor, suas dores, enfim, mostram aos amigos que Jó é culpado. Assim o consideram, ainda que não saibam por quê. Por isso, fazem-lhe reprimendas e lhe pedem que se humilhe diante do castigo. Mereceu-o por algo feito. Instam-no a reconhecê-lo. Demasiadas desditas não ocorrem por nada. O próprio Jó o reconhece e exclama: "Quantos são meus pecados e minhas culpas? Faz-me saber minha ofensa e meu pecado".[23] O que se padece se merece. Por isso, também a morte, ou a forma da morte, pode ser um sinal desse tipo.[24]

---

22. Sobre a sobrevivência dessa ontologia, ou melhor, de suas consequências práticas na avaliação de todo mal como castigo da divindade ofendida, veja-se o excelente livro, já citado, de Delumeau, *El miedo en Occidente*. Se os açoites divinos eram extraordinários, como no caso das pestes, apareciam os excessos na penitência (p. 203 ss.). (N. A.)
23. Jó 13, 23. No livro de Jó, tardio, esse argumento tradicional contrasta com as primeiras fissuras produzidas pelo autêntico monoteísmo. Se há um Deus, um único criador do mundo, então o mal se converte em problema. Jó declara saber que não é culpado de nada, em que pese Deus atormentá-lo. (N. A.)
24. É de Hillel essa doutrina: "Hillel viu uma caveira flutuando na água. E lhe disse: porque outros afogastes, eles te afogaram; mas aqueles que te afogaram serão, no final das contas, afogados também" (citado por N. Glatzer, *Hillel, el Sabio*, Buenos Aires: Paidós, 1963, p. 35). (N. A.)

A ontologia da dívida: purificação e justiça

A justiça humana realiza um castigo que, por brutal que seja, possui um fim. Mas o que a divindade tem de particular, como juiz, é que o réu não conhece a extensão de seu castigo nem quando terá término, isto é, quando se dará por satisfeita a potência que o fere, quando lhe porá termo. Por isso, convém que o castigado se dirija à divindade pedindo-lhe perdão, quer dizer, um final. Assim, os chagados que acorrem ao Templo de Jerusalém não vão ali somente em busca de cura, mas sobretudo de perdão, pois a cura é o sinal de que se deu o perdão. Quando a cólera de Deus se aplaca, o réu sabe que seu castigo terminou, esperando da justiça divina que ele não ressurja arbitrariamente.

A pureza é o contrário do pecado e é o que se deve adquirir por meio de ritos de expiação, no Mediterrâneo e também no Extremo Oriente.[25] O mandado de pureza parece ser universal. Se alguém não é ou não está puro, o mal se abate sobre ele. Assim, o melhor é administrar-se parte do fármaco, a fim de que, recuperado o estado de pureza, o inelutável mude. E isso serve também para se saber o que se há de comer, o que vestir, com quem iremos nos relacionar, ou qualquer outro detalhe sem grande importância da vida corrente. Para usar a linguagem muçulmana, muitas coisas são *halal*, puras; muitas outras são *haram*, impuras. E algumas outras, neutras. Mas, se estamos mal, façamos penitência.

Os rituais que conduzem à liberação do estigma são expiatórios, penitenciais: antecipam dores mediante a penitência e bens

---

25. Temos uma descrição de expiações prévias na China de princípios do século xx, a fim de garantir chuva. Toda a corte jejua, proíbe-se que os porcos entrem na cidade, limpam-se os corpos e as bocas, guarda-se silêncio, não se levam joias e vestidos suntuosos, reza-se (Princesa Der Ling, *Two Years in the Forbidden City*, 1911). Essa relação interessante se encontra disponível em About.com/womenhistory/library). (N. A.)

oferecidos em holocausto para que sejam descontados do castigo ainda pendente. No judaísmo existe "o dia da expiação", o *Yom Kipur*.

E o senhor falou mais a Moisés, dizendo: "O décimo dia deste sétimo mês será o dia das expiações, que será celebérrimo e se chamará santo. Neste dia afligireis vós as vossas almas e oferecereis um holocausto ao Senhor. Não fareis obra servil alguma em todo o dia, porque é um dia de propiciação, para que o Senhor vosso Deus vos seja favorável. Todo o homem que não houver afligido neste dia perecerá do meio do seu povo. E Eu também exterminarei de seu povo aquele que, neste dia, fizer qualquer obra. Não fareis pois nele obra alguma; e essa ordenação será eternamente observada em toda a vossa posteridade, e em todos os lugares em que assistirdes. Este é o dia de profundo e total descanso; e vós afligireis as vossas almas no dia nove do mês. Celebrareis as vossas duma tarde a outra".[26]

O *Yom Kipur* comemora as Segundas Tábuas da Lei e renova anualmente a aliança de Israel. Assegura o perdão e o continuar anotado no *Livro da vida*.[27] Supõe um jejum de 25 horas e vários sacrifícios muito bem estabelecidos,[28] que se completavam, antes da Diáspora, com a entrada do sacerdote na parte mais santa do templo. Se todos os rituais estiverem conformes, o povo ficará perdoado por mais um ano. Colheitas e animais prosperarão e os homens marcharão a seu tempo para a "região das trevas e da sombra

---

26. Levítico 23, 26-32.
27. O Dia do Perdão se completa mais tarde com os perdões individuais. "Devido ao *Yom Kipur* não expiar os pecados individuais cometidos contra o próximo, a menos que a parte agravada tenha sido apaziguada e tenha aceitado perdoar o autor da ação má, esse dia deve ser considerado como a data-limite para a reconciliação, para expressar o pesar e solicitar o perdão. Deus não perdoa, a menos que a parte agravada haja primeiramente perdoado" (Rabi Hayim Halevy Donin, *El ser judío*, Depto. de Educação e Cultura Religiosa para a Diáspora, s. d.). (N. A.)
28. Não se come, não se bebe, e estão proibidos o banho e o sexo. (N. A.)

densa". Para consumar a purificação, um animal é carregado com os pecados de todo o povo e lançado no deserto.[29]

O perdão é extraordinariamente importante e ainda uma invenção admirável ali onde ocorreu; o perdão cancela o perigo dos males que vão se acumulando sobre as cabeças pecadoras. Por isso, os lugares em que se pode obtê-lo são sagrados e limpos, pios e santos. Os castigados pelas desgraças podem ali implorar a interrupção da desdita. O perdão é clemência e Deus é clemente, como também o são os poderosos. Põem fim à violência do castigo. Concedem perdão. E os ritos que o propiciam buscam fazer surgir essa clemência divina. Para obtê-lo, os danados peregrinarão aos lugares puros, santos, e farão penitência. Também darão esmola e prometerão jejuns.

Assim, Deus perdoa, de cima. Assim também perdoam os poderosos da Terra, pondo término ao castigo. Depois, talvez esqueçam.

Por esse motivo, o poder se arroga somente para si a possibilidade de perdoar, de pôr fim, e não quer saber nada da disposição de perdoar do ofendido (e provavelmente não deva) nem do arrependimento do ofensor. Considera-o como certo. Como não se arrependerá aquele que sofreu uma grande dor merecida, justamente por havê-la propiciado? Ali estão os gritos, as súplicas e as lágrimas que se lhe arrancaram. Indagar em outras profundezas é ocioso. Essa ontologia ainda não descobriu os abismos e esconderijos da alma humana; nem deles necessita. Nela, só alguns podem perdoar. E podem fazê-lo em virtude da delegação pela qual reclamam para si qualquer ofensa à lei.

---

29. Esse animal, o bode expiatório, passou a ser o paradigma do desvio dos próprios males para outros. René Girard, no esplêndido trabalho homônimo, diz que em todo mito existe uma rememoração da violência, um "olho por olho" que foi saldado e que vai perdendo, de geração em geração, "o segredo de sua distorção original. As religiões e as culturas dissimulam essa violência para fundar-se e se perpetuar" (R. Girard, *El chivo expiatorio*, Barcelona: Anagrama, 2002, p. 127). (N. A.)

Não havia nada, com efeito, que fosse mais vexatório ou estúpido do que o fato de alguém perdoar, graciosamente, em nome de outro. Ninguém podia dizer: "te perdoo o que fizeste àquele", nem sequer "te perdoo por aquele". "Aquele", o concernido, poderia considerar-se humilhado, surpreso ou encolerizado por atividades tão misericordiosas. No entanto, por meio da justiça, todos delegaram a capacidade de dar-lhes a paz; e, por esse motivo, o perdão não pode excluir o castigo, pois este é a paz do agravado.

O que sucede se a justiça mete a sua mão pesada dentro de um perdão particular? Que não pode tê-lo em conta, pois em seu sigilo só se interessa por si mesma e por sua vigência. Se o marido da adúltera a perdoa, o homem pode estar obcecado por seu desejo. Os anciãos que se sentam à porta da cidade não têm esse véu sobre os olhos e a podem conduzir à lapidação, enquanto o ofendido geme, por não ter forças para receber o que é seu. Eles, sim, as têm. Na Compilação ou Código das Leis,[30] creio recordar que se cheguem a prever penalidades[31] para os que, por serem "perdoadores", não têm valor nem forças para fazer justiça. Quase todos os perdoadores são consentidores, e quem consente num delito dele participa. Perdoar, segundo certas coisas, não está contemplado; não é bom.

Perdões fundadores

Em geral, e nos contextos arcaico e clássico, perdoar está perto da vilania. Entende-se que um particular perdoe, embora

---

30. No original, *Fuero Juzgo*, o conjunto das leis do império godo-medieval na Espanha, editado pela primeira vez em Paris, em 1579. (N. T.)
31. Com efeito, penas para os bens: Terceiro Título XII e XIII, Fueru Xulgu, *Códice Hispânico 28 da Biblioteca do Estado da Baviera*, editado pelo Conselho de Educação e Cultura do Principado de Astúrias, Oviedo, 1994, pp. 116-27. (N. A.)

exista a possibilidade da clemência para quem, tendo em vista um resultado coletivo e maior, pode tê-la. A clemência vem do alto e também louva. Assim, quando Esaú perdoa Jacó, aplacado por seus presentes, ambos realizam um *ato fundador* da genealogia de Israel. Como foi o perdão de José a seus irmãos; eles o venderam como escravo e esperavam que houvesse morrido, e não que se tivesse convertido em vizir do faraó. Ele se lhes ocultou. Mas, depois de mantê-los prisioneiros e abatidos, perdoou-os por sua venda, pois não podia acontecer que a semente de Jacó, de Isaac e de Abraão se extinguisse. Alguns patriarcas perdoaram para que existisse o povo, a lei e a Promessa. Assim são perdoados Saul e Davi. A realeza passará a Davi sobre a posteridade de Saul, que Davi promete respeitar.[32] Assim, Davi perdoa Absalão (II Samuel 14, 4-14). Tais perdões são fundadores da genealogia. São e existem para ser recordados.

Pois nem todas as genealogias se mantêm sobre perdões fundadores. Rômulo não perdoou Remo. Roma não perdoou Cartago. Nem tampouco os israelitas perdoam ao acaso: a poucos é concedido que o façam. O Altíssimo perdoa quem quer, mas alguns que não desfrutam dessa misericórdia devem ser degolados, embora estejam agarrados ao altar. No Antigo Testamento, os exemplos abundam. Deus é clemente com muita avareza. Refugiar-se no sagrado não assegura a vida do perseguido. Todavia, parece certo o avanço moral representado por esses perdões judaicos fundadores,

---

32. A propósito de perdões fundadores, veja-se a análise do *corpus* bíblico em F. Samyth, "La transgresión de los orígenes", *El perdón, op. cit.*, p. 61 ss. "A reconciliação entre irmãos é fundadora da identidade de Israel. Os sobreviventes do exílio e da colonização são uma irmandade ligada pela memória de traições intestinas múltiplas e mortais, mas essa memória está como que encravada na certeza de um projeto que só se desvela ao ser ativado pela presença do relato." "A irmandade israelita está baseada numa relação intrafraternal de perdão e não no amor puro ou no simples direito. Portanto, quem sabe esteja mais numa espécie de direito ao perdão e à reconciliação." (N. A.)

contrapostos à imarcescibilidade romana da lei. Pois é no contexto judaico que há de surgir o protoperdão. Adonai adquirirá a misericórdia como atributo exemplar. O dia da expiação também o será, mas, desde logo, nunca sem condições, prendas e penitência.

Uma nota sobre o maldizer

Nesse mesmo contexto de reciprocidade e de ontologia da dívida, o perdão convive com a maldição. Quem não pode vingar-se, ou não obtém justiça de um juiz iníquo, tem direito a pedi-la mais acima, tem direito de maldizer. A maldição exige um ritmo e palavras precisas. Há que se expressá-la como tal. Não vale remover o rancor no coração; são necessárias as palavras. Como Adonai maldisse Caim, que havia maldito seus pais, são dessas primeiras maldições que se aprendem os modelos das demais. É um ensinamento útil.

Quem maldiz diz que o faz, diz "eu te maldigo" e, depois disso, diz o que quer. Que o mal seja devolvido a quem o perpetrou: que sua casa se arruíne, que seus filhos e rebanhos morram, que o destinatário sofra as mais imundas enfermidades, que seus inimigos o peguem e que não se possa defender... Os mesmos códigos sumérios e os de tradição babilônica estão cheios de maldições, caso aconteça de as pessoas as esquecerem.

Não só não se perdoa, mas, no caso, se maldiz. Delega-se a vingança a quem ouça as maldições. De um lado, a maldição, como ocorre amiúde com o pensamento mítico, crê na eficácia taumatúrgica da palavra. As palavras agem sobre o mundo, e por isso as palavras das maldições são bem procuradas. E, se possível, se maldiz sob a mesma forma com que se realizam votos: em voz alta e em público. A maldição é mais eficaz do que o mau-olhado. Olhar para causar infortúnio, ferir com o olho, é possível, mas é coisa má. Provém do mal, não da justiça interrompida. Quem tem o direito de maldizer não o faz por debaixo de panos. Faz com maldições. E pode não ser uma defesa de pouco alcance, se quem as recebe crê em sua eficácia. A voz dos agravados chega aos deuses. Eles saberão fazer vingança.[33] Para que o mal não permaneça circunscrito ao mundo natural, mas passe a ser humano e ter sentido, não se deve deixar que simplesmente ocorra. Há que se defender, maldizendo-o. Alguém mais conservará a memória dessas palavras, porque nada sucede em vão e tudo o que existe presta contas.

---

33. Jacqueline de Romilly, estudando a religião grega, nos informa sobre as vantagens do politeísmo. Os gregos, afirma, que são o povo que mais distanciamento pôs entre deuses e mortais, também inventaram os semideuses. A uns e outros encarregaram da justiça e da reparação da violência. As maldições, que são operativas, acabam quando os gregos começam a ter a ideia da responsabilidade. Ela encontra o perdão no *Hipólito*, de Eurípides. Morre por uma maldição de seu pai e responde, moribundo: "Te absolvo do crime de minha morte" (J. de Romilly, *La Grecia antigua contra la violencia*, Madri: Gredos, 2010). (N. A.)

III

A MORAL DO ESQUECIMENTO

Uma concepção positiva, mas limitada, da inteligência e da ação humanas sempre sublinhará a importância da memória em qualquer processo cognitivo, especialmente naqueles que contenham desenvolvimentos pragmáticos ulteriores. Um ponto de vista não tão estreito também terá relativa facilidade para poder apreciar as vantagens da desmemória. A filosofia estoica já as apontava quando concebia nosso conhecimento como uma superfície macia de cera sobre a qual se iam acumulando impressões, de modo que umas e outras se apagavam, permanecendo só as mais fortes ou as mais frequentes. Com efeito, se pudéssemos recordar tudo, absolutamente tudo, mal poderíamos realizar o exercício seletivo a que chamamos "pensamento". Pensar é sempre decidir, ainda que de tal decisão não tenhamos consciência de vontade ativa.[1] Menos mal que assim ocorra. Percorremos caminhos costumeiros sem necessidade

---

1. G. Bateson, *Pasos hacia una ecología de la mente* (1972), Buenos Aires: Carlos Lohlé, 1988. (N. A.)

de planejar-nos e tais processos quase nunca são suspeitos. Só exigiriam nossa atenção se fôssemos alertados ao comprovar recorrências sistemáticas que obstruam partes normalmente transitáveis.[2]

A esse não caminhar sobre certas coisas e não fazê-lo todos juntos, Nietzsche chamou "pudenda", aquilo que não pode ser tratado ou revelado, pois é o fundamento que convém não iluminar, os pés frágeis do espírito humano que decide esquecer ou recordar. Do mesmo modo que não nos deve ser estranha essa geografia seletiva do espírito, inclusive porque podemos pensar que a pretensão de iluminá-la seja um erro, devemos sim achá-la estranha se algum indivíduo em particular parecer tê-la demasiadamente divergente da comum. Dessa maneira, os esquecimentos de alguns podem ser sintomáticos, mas dificilmente o serão os esquecimentos de todos. Ou, em outros termos, só uma exterioridade não humana poderia ter a pretensão de psicanalisar toda a humanidade, e não sabemos com que resultados.

Assim, cada um de nós esquece para saber e esquece para agir. Esse esquecer, porém, é menos importante do que a capacidade assertiva que se põe em jogo. De qualquer modo, a memória é mais importante do que o esquecimento. E, por isso, o conselho e a disciplina sempre seguem o caminho da recordação, porque são os esquecimentos que se devem considerar como certos. Pois bem, existe na tradição um esquecimento que se aconselha, o *dever de esquecer*. Rastreamos os perdões para recordar a moral arcaica. São poderosos e coletivos. Vêm de cima. Mas a instrução de esquecer, de onde provém?

Quando o esquecimento se manifesta como dever, ele adquire, como tudo aquilo que com o dever se relaciona, uma dimensão

---

2. *Ibidem*, p. 236 ss. Nessa inteligentíssima coletânea de ensaios, Bateson, criador da teoria do "duplo vínculo", apresenta várias análises e exemplos das zonas opacas. (N. A.)

distinta. Decidimos chamá-la "dimensão ética". Existe, de fato, uma instrução explícita, um imperativo que se enuncia como "esquece isso", ou "deves esquecer isso". A que responde? Em momentos particulares, todos nós damos essa instrução a uns e outros. Quando estamos preocupados, quando estamos irritados, pesarosos, tristes. Conduzo toda essa gama de sentimentos para a tristeza porque não me parece ruim a redução que Spinoza faz para ela de todo um gênero de afecções da alma, aquelas que diminuem a potência de agir e conhecer do sujeito.[3]

Duas questões devem ser postas para mostrar como a instrução de esquecer é bastante complexa. Uma, que não é uma instrução fácil de seguir: esquecer as coisas que conduzem à tristeza não é simples; se o fosse, a própria afecção não teria por que existir. A vontade da pessoa pode ser mais frouxa do que o decalque de sua memória naquilo que se representa. Ao dizer "esqueço isso", não esquecemos. Só podemos estar certos de que esquecemos quando nos esquecemos de esquecer, e então todo o assunto carece de sentido. O "te disse que esquecerias", dito de um esquecimento verdadeiro, de águas passadas, tem como resposta: "por que me fizeste lembrar?".

E sobre os paradoxos que a instrução de esquecer acumula, existe outra questão, como já disse: essa instrução só parece ter sentido quando ditada sobre os afetos tristes, mas seria incompreensível ou cruel ditá-la sobre os alegres. Quer dizer, parece que quase sempre "se esquece para melhorar" o estado ou a situação atual. Numa fase de serenidade ou de afetos positivos, não há

---

3. Damasio, que nisso também se declara spinozista, vai além. Supõe que entre os afetos exista também um que esteja conectado especificamente com a retribuição, com a busca de equilíbrio em termos de retribuição ou justiça do grupo (Antonio Damasio, *En busca de Spinoza*, Barcelona: Crítica, 2006, p. 152). (N. A.)

sentido. E mais ainda: tampouco tem sentido recomendar ou exigir de alguém que esqueça o que produz alegria, a não ser que se trate de uma instrução cruel, uma instrução que sempre teria seu modelo no *Inferno* de Dante.[4] A recomendação de esquecer dada a alguém em sua plenitude é quase sempre uma ameaça.

O dever de esquecer não é fácil e, ademais, é exercido sobre conteúdos similares: esquecer as desditas, as tristezas, as injúrias...[5] Mas tal dever também costumamos chamar por outro nome, que nos ajudará a compreendê-lo melhor. Perdão é também o nome moral que o esquecimento recebe. Montaigne, escrevendo em seus *Ensaios* acerca dos mentirosos, considera as vantagens da desmemória e, ao trazer Cícero à cena, o faz para afirmar que uma memória fraca é boa porque nos faz esquecer as ofensas recebidas. Relembra também Dario, que, "para não deixar cair no esquecimento a ofensa que havia recebido dos atenienses, fazia com que uma pajem a repetisse três vezes sempre que se sentava à mesa:

---

4. "Lasciate ogni speranza...", esquece o que foste e esperaste. Essa mesma caracterização a encontramos em S. Breton, que, numa entrevista para O. Abel sobre perdão e esquecimento, responde: "O inferno seria o passado definitivamente imposto, o passado fechado" ("La otra cara del mundo", in *El perdón, op. cit.*, p. 108). O abandono de toda esperança funciona como mote de fundo em toda a série de crueldades inimagináveis descritas, por exemplo, por Primo Levi em *Si esto es un hombre*, Barcelona: Muchnik, 1998, p. 37 ss, que lembra tal instrução dada por seus guardiães. (N. A.)
5. Nesse sentido, há de se interpretar as afirmações que O. Abel faz em sua coletânea *El perdón, op. cit.*, quando diz que "no centro de todas as culturas encontra-se uma forma específica de perdão, e todas tiveram, simplesmente para sobreviver, que inventar a sua" (p. 13); é de se duvidar que seja um perdão em termos próprios, porque, decerto, existiram e existem culturas que o desconhecem. O mesmo autor repete (p. 217) que "o perdão que consideramos extraordinário, raro, sublime, é amiúde apenas uma obrigação de sobrevivência ordinária e universal para qualquer sociedade". No entanto, de modo mais penetrante afirma em seguida: "A oposição da justiça e do perdão remete à relação comum com a lógica da retribuição. Esta aqui não é simplesmente uma estratégia para basear a ordem social na reciprocidade e no intercâmbio, mas também uma estratégia para integrar nessa *coerência* do mundo o que sempre excede a troca: a dor e, mais geralmente, a morte, a perda sem paliativos de tudo o que nunca será devolvido, *retribuído*".

'Senhor, lembrai-vos dos atenienses'". Menciono isso para matizar o alcance de minha afirmação anterior. O perdão supõe o esquecimento, mas, em princípio, o mero esquecimento não supõe o perdão. Quem não esquece as ofensas sofridas recebe o nome de rancoroso. Para evitar o rancor e suas sequelas existe a instrução de esquecer, mas a de perdoar é mais direta e pertinente ao caso. Temos certa ideia do que seja esquecer. Mas temo que mal conheçamos o que seja perdoar, nessa esfera, embora as locuções em que a palavra "perdão" se produza sejam frequentes e continuadas. Quase ninguém diz, em seu sentido próprio, "eu te perdoo", ou "eu o perdoo". Do mesmo modo que são muito poucas as ocasiões em que alguém diz, com todo o seu sentido, "perdoa-me". Para pedir ou dar o perdão se requerem condições, e elas são bastante complexas. Mas suponhamos por um momento um perdão pedido e dado e vejamos quando o consideramos verdadeiro.

Esquecimento e perdão

Já vimos como, na linguagem corrente, as recomendações de esquecer e de perdoar são quase sinônimas. Digo *quase* e enfatizo o advérbio para deixar claro que a sinonímia perfeita tampouco existe nesse caso. Tem sentido dizer "perdoo, mas não esqueço", no entanto, "esqueço, mas não perdoo" tem um pouco menos, ainda que conserve algum significado. No primeiro caso, o uso da frase indica que quem a profere está disposto a renunciar a um direito, qualquer que seja, mas não a esquecer o motivo desse direito. Esse direito é, necessariamente, uma dívida. E alguém deve poder reclamá-la.

Vamos agora à outra margem do Mediterrâneo. Ali encontramos certas deusas, Erínias, na Grécia, Fúrias, em Roma. São divindades anteriores aos deuses olímpicos. Personificam a vingança; tanto o dever quanto a legitimidade de vingar-se de um mal recebido. Dormem até que o mal seja produzido. Escutam as queixas dos ofendidos e são por elas despertadas. As Erínias castigam os crimes imperdoáveis. São monstros terríveis, cuidando para que tudo esteja em seu lugar, inclusive o curso do Sol. Nada pode comovê-las. Onde surge um mal, abre-se um vazio que outro mal há de preencher. Quando alguém, e inclusive *algo*, foi vulnerado, produz-se um desequilíbrio. Esse é "o mal que desperta as Erínias".[6] Sob tal formulação, Hegel entendeu, e a partir dele entendeu-se, todo o sistema de compensações em que consiste a justiça e o viver em comum que a faz necessária. Na realidade, a ordem está sendo convocada em seu aspecto negativo, como violência, que, vulnerando por sua vez aquele que tenha sido a causa da primeira ferida, fará a paz. Nessa concepção, a vingança, que poderia parecer o assunto mais errático de uma cadeia causal, é a origem de qualquer sistema de ordem. E de novo a lei taliônica, a matriz de qualquer direito, ou ao menos de todo direito penal. O mal realizado é sanado com outro mal. O mal realizado é compreendido por quem o padece, ou tem o direito de dele se encarregar, como dívida. E essa dívida consiste num mal similar que se tem o direito de realizar sobre aquele ou aquilo que provocou o mal primeiro.

Ainda hoje, "perdoo, mas não esqueço" quer dizer que suspendo a cobrança da dívida, mas não aquilo que a dívida tenha

---

6. Na verdade, e dadas as suas aparições, parece que as Erínias se especializavam em certos crimes contra a família, a hospitalidade ou a ruptura dos juramentos. Com o tempo, adquiriram vida eterna, a fim de perseguir depois da morte aqueles em cuja vida não se percebeu nenhum castigo pelas más ações. Mas as Erínias se convertem em Eumênides ou em Cárites caso se sigam as purificações adequadas ou se obtenha um perdão fundador, como é o caso do outorgado a Orestes por Atenas, perdão do qual provém a cidade. (N. A.)

produzido e clame, em si mesma, por sua vingança. Pode-se dizer de alguém que "esquece, mas não perdoa", ao se referir a alguém que seja forte na vontade, mas escasso de memória. Se esquecemos, simplesmente esquecemos. No entanto, tal esquecimento não supõe que perdoemos ou tenhamos perdoado. O fato permanece reclamando seu cancelamento. "Esqueço, mas não perdoo" só a duras penas faz sentido. Fica-lhe o mínimo possível: se me fosse trazido à memória o mal cometido, ele exigiria a cobrança da dívida sem vacilação. Em ambos os casos, a dívida subsiste. Essa ontologia da dívida parece derivar, ou ter uma expressão muito fiel, na metafísica pré-socrática, que se expressa na sentença oracular de Anaximandro, pela qual devemos entender que o mundo está regrado e pode ser compreendido ou se deixar compreender porque "todas as coisas pagam entre si sua injustiça, segundo uma ordem".[7] Nessa ontologia, cada coisa que existe preenche o lugar de outra, pois o vazio não existe. Assim, cada ser contrai, por existir, uma dívida que essa supraordem o fará pagar em seu dia. E somente dentro de tal metafísica cabe também o verso de Sófocles: "Tudo o que age é culpável". Nessa ontologia, nada nos fala da injustiça de qualquer "isto". Cada uma das coisas, por seu mero existir, está em dívida com as que puderam ter existido ou existiam. Toda existência é uma espécie de condenação adiada que será ressarcida quando chegar sua hora. Existes agora, mas deixarás de existir. E nesse fechamento se terá pago a própria dívida na qual consiste a existência.[8]

---

7. G. S. Kirk e E. Raven, *Los filosofos presocraticos*, Madri: Gredos, 1969, p. 156.
8. Atwood chega a afirmar, imagino que pilheriando, que inclusive na natureza existem as balanças que equilibram todos os entes: "são conhecidas pelos estados estáticos". Em sua opinião, todo o desequilíbrio se equilibra, da química do sal aos estados descritos pelas leis da termodinâmica (*Payback, op. cit.*, pp. 13-4). (N. A.)

O mal que se fez ao existir agrava-se, é óbvio, com as ações que se seguem do fato de existir. No objetivismo moral arcaico, presente em todos os códigos que nos chegaram, sem que sua procedência o matize em demasia, a ontologia da dívida prevalece. Qualquer mal tem como consequência a vingança taliônica, mais ou menos ordenada, independentemente da existência de uma vontade que a tenha desejado.

O mal não pode ser olvidado sem correr o perigo de perecer; logo, castiga-se.[9] A vingança fica interrompida ali onde uma instância distinta de quem foi ofendido se instala: a lei assume a vingança, que, assim, se converte em justiça e ordem. Se a lei deixasse de exercer o castigo, não seria lei. Não pode esquecer nem perdoar. O direito mais primitivo, portanto, é castigar. E castigar de tal forma que o castigo não seja esquecido, que seja instaurado como marca, inclusive marca sobre o castigado.

O direito de perdoar

Só quando se tenha reconhecido a dívida, quer dizer, quando é inquestionável o direito ao castigo, aparece a mera possibilidade do perdão. Este se constituiria na renúncia explícita de castigar, renúncia fundada em alguma razão ou em razões de outra natureza, como os perdões fundadores. Perdoar é, para as instâncias objetivas, um ato de clemência. Perdoar supõe que a dívida não será reclamada, como se o ato que a produziu não houvesse sucedido.

---

9. "Se a lei não atormenta o mal feito, os maus e os néscios não deixarão de fazer mal", o que colocará a comunidade em perigo, argumenta o *Fuero Juzgo* (*op. cit.*, p. 127), que previamente entendeu que a lei foi feita para que "a maldade dos homens fosse refreada por medo das penas, que os bons vivessem seguramente entre os maus, que os maus fossem penalizados pela lei, deixassem de fazer o mal por medo da lei" (p. 38). (N. A.)

Perdoar supõe, portanto, esquecer todos os efeitos práticos, posto que a memória do assunto, se houve o perdão, já não pode ter consequências. Mas nós enfrentamos outros perdões, os perdões particulares. O agravado pode perdoar? Não, se convocou a justiça. Ela lhe toma o encargo e age. Pode, talvez, ter uma disposição misericordiosa, mas não o faria durante a vigência extrema da ontologia da dívida. Agora, porém, devem ser apreciadas as diferenças que existem entre "perdoar" e o simples "deixar como está". Quem não iniciar a vingança tampouco tem o direito de perdoar. O fraco, amedrontado pela ofensa recebida e incapaz de vingança, também não perdoa.[10] A clemência é uma prerrogativa do poderoso ou do poder, mas não se pode dizer que os humildes e os que se encontram embaixo na escala social sejam clementes ou que perdoem. Por suas posições, receberiam afrontas para as quais não têm capacidade de resposta, sem que isso signifique algo a seu favor. Nenhum moralista clássico jamais confiou em bons sentimentos e em boas intenções de qualquer plebe. Se alguma vez estivessem em condições de pôr em execução a soma completa de suas vinganças, o fariam. Não o fazem porque não podem. O inferior não perdoa o superior. O perdão vem de cima.

O perdão é um esquecimento de efeitos práticos. É explícito, o esquecimento não. Para se perdoar, há que se dizer "te perdoo". Perdoar é um enunciado executivo, que faz o que diz.[11] Agir "como se nada houvesse ocorrido" pode supor o perdão, mas também a

---

10. Daí Cervantes aclarar que há tipos de pessoas que, não podendo se defender, não podem ser ofendidas. Dá como exemplo clérigos, crianças e mulheres. Far-se-á mais adiante uma glosa. (N. A.)
11. A terminologia procede de J. L. Austin, *Cómo hacer cosas con palabras* (1962), Barcelona: Paidós, 1982. (N. A.)

dissimulação, o simples esquecimento. Este pode ser refrescado pela memória e a dissimulação perdurar por um tempo; o perdão, no entanto, é incondicional: ainda que me recorde, ainda que o tempo passe, ainda que me custe, perdoo. Um perdão temporal não é um perdão, mas mera suspensão. Perdoar de coração pressupõe esquecer de fato. E olvidar completamente. Aquele que não esquece não poderia deixar transparecer em sua ação a lembrança do dano recebido? Teria que ser mais do que um ser humano para consegui-lo.

Todavia, quase todo perdão está condicionado: perdoa-se algo com a condição de que não volte a se repetir, posto que o perdão sistemático da mesma coisa destrói a própria noção de perdoar.[12] A expressão castelhana "perdoar o feito e o que está para ser feito"[13] retrata a indulgência culpável de um João Ninguém qualquer.[14] Da mesma forma, convertida a lei em instância objetiva, só ela pode conceder-se o ser clemente por suas próprias razões, enquanto se mantém cega e surda às súplicas do devedor e às do credor. Do fato de que o ofendido perdoe, nunca se seguirá, na justiça, que a lei perdoe. A instância comum e separada não pode assumir as disposições particulares. Esses perdões formam uma esfera distinta, moral, talvez até mais perfeita, mas não são incumbências nem dever dos que estejam sentados na sede das Erínias aplacadas, agora, portanto, convertidas em Eumênides.

O perdão não é justo, porque a justiça é "dar a cada um o seu". Pertence a uma ordem e a um mundo distintos do mundo comutativo da justiça, sempre que seja incondicionado. Esquecer, ao

---

12. Vinícius de Moraes expressa essa ideia em sua canção "Regra três": "Porque o perdão também se cansa de perdoar". (N. T.)
13. *Perdonar lo hecho y por hacer.* (N. T.)
14. No original, *un Juan Lanas.* (N. T.)

contrário, é humano. Entre perdoar e esquecer sempre existe relação, só que o perfeito perdão implica o esquecimento do agravo, ao passo que apenas esquecer não significa que o perdão tenha acontecido, a não ser de modo defectivo. Em qualquer caso, perdoar não é justo. É outra coisa. E, para a saúde moral, o dever pagar é tão forte que resiste e se resiste ao marco do perdão. Nozick, em um volume de ensaios que muito se aproximam de um pensamento rabínico,[15] se pergunta pela vida sábia e responde com o dever de dar a cada coisa, e não só a cada pessoa, o que é seu. O que está a meio caminho entre a dívida e a oferenda. Enuncia esse princípio: "Devemos viver proporcionalmente e dar a cada coisa o seu". Nossa vida é finita. Tem um marco de proporcionalidade que o perdão excede.

---

15. *Meditaciones sobre la vida*, Barcelona: Gedisa, 1992, p. 213 ss. (N. A.)

IV

O MUNDO DO PERDÃO

De toda essa concepção a que chamo *ontologia da dívida* permanecem ainda traços e expressões mais do que largos em nosso mundo corrente, que é, no entanto, o resultado de uma inversão assombrosa: a que se produz no momento em que aparece a ordem de perdoar sistematicamente tudo a todos, todas as vezes. Se algo pode ser dito do perdão, é que não é mecânico, ou, em outros termos, que é sempre contingente e nunca necessário. O perdão depende da vontade que perdoa, a qual pode ser ditada por normas tais que lhe seja difícil subtrair-se ao perdão, caso se deem certas condições. O arrependimento, a demonstração de fraqueza e de submissão, todos os gestos que conduzam à piedade são as diversas petições de perdão ritualizadas que existem em cada mundo. Na *Ilíada*, pede-se misericórdia abraçando os joelhos daquele a quem se pede. Assim, Príamo abraça os joelhos do matador de seu filho, Aquiles, para movê-lo a entregar seu cadáver e para que os restos de Heitor deixem de sofrer injúrias. Tétis abraçou-se aos joelhos de Zeus previamente para que Aquiles pudesse vingar-se da ofensa de Agamenon. Ambos obtêm o que pedem pela magnanimidade daqueles a quem são feitos os pedidos. Mas os joelhos de outros nem sempre são compassivos. Ao inimigo vencido, que no chão suplica por sua vida e se abraça aos joelhos do oponente, se o traspassa com a espada e faz-se-lhe correr o sangue desonrado. Do pedir o perdão não se segue dar perdão. Das mostras visíveis de arrependimento não se deduz nenhum perdão, pois este não é necessário, e sim contingente. Alguns perdoam e outros não. Dentre os que perdoam, uns o fazem porque são esquecidiços ou, quiçá, magnânimos. Deve-se recordar que Aristóteles escreve que uma certa displicência e um certo esquecimento sempre fazem parte, a parte desagradável, do caráter da pessoa magnânima. Outros não perdoam nunca. Shylock reclama sua dívida até o fim, sem ser afetado por compensações nem súplicas, e só não a cobra porque as condições da cobrança são impossíveis, não porque não a deseje.[1] Pode-se pensar que Shylock, ao agir assim, é malvado, mas pode-se pensar isso porque Shylock é um personagem do drama cristão, não da tragédia clássica.

Quem não se vinga, quem não castiga, não é respeitável. Creonte não pode perdoar Antígona, Orestes não pode perdoar Clitemnestra e, em geral, o perdão está ausente do contexto clássico, que se rege pela ontologia da dívida composta por essa outra norma elementar que Platão cita: "Justiça é fazer bem aos amigos e mal aos inimigos".

As fontes nas quais a tradição que nos é comum bebe são outras, sobrepostas às clássicas, e já foram usadas. Entretanto, como

---

1. O problema de Shylock, repisa Atwood, não é o dinheiro, e sim a vingança. Quer vingar-se das muitas feridas miseráveis que, como judeu, recebeu em cada dia de sua vida. Mas o antídoto da vingança não é a justiça, e sim o perdão, escreve Atwood. Por isso, porque só busca vingança, não recebe justiça (*Payback, op. cit.*, p. 152). (N. A.)

temos visto, tampouco o Antigo Testamento provê exemplos espetaculares de perdão ou de clemência. Ambas as tradições pertencem ao mesmo mundo da dívida. Nele, nos textos mais antigos, o perdão não existe e, quando perdem seus traços arcaicos, o perdão não exime do castigo. Então, em que sentido há perdão? O povo de Israel, que constrói um bezerro de ouro ao pé do monte Sinai no mesmo momento em que Deus escreve com o dedo a sua Lei, é tragado pela terra. E a parte que sobrevive é condenada a vagar pelo deserto por quarenta anos, até que toda a geração que esteve presente àquela apostasia se extinga. Nenhum deles entrará na terra prometida, nem sequer Moisés. Ao cabo de quarenta anos, Adonai perdoa.

E, a cada vez que o povo seja infiel a seu Deus, será castigado com a mesma cólera, abatido, dispersado, a ponto de encontrar no sofrimento a própria marca da eleição divina e seu princípio de individuação. Outros povos não são fustigados por seus deuses; parecem viver existências mais prazerosas e depois se extinguem. Israel permanecerá porque tem um Senhor, um Esposo, disposto a castigar, que só esquece depois de cumprido o castigo. De fato, Adonai só perdoa a cidade de Nínive, e o faz porque, do rei ao último escravo, os ninivitas fazem penitência, quer dizer, adiantam o castigo durante quarenta dias. Nem no mundo clássico nem no Antigo Testamento existem exemplos manifestos de perdão incondicionado, mas de encadeamento inexorável entre o mal e o castigo.[2] Por isso, a penitência inclui o jejum, que lembra a fome, a sede e também cobrir-se com cinzas, rasgar o vestido ou vestir-se

---

2. Os exemplos sobressalentes de perdão são os de Esaú e José, perdões, como já disse, necessários para a existência do povo. São perdões fundadores, genealógicos, que supõem a antecipação moral, sem dúvida presente no contexto judaico, em relação às fontes gregas arcaicas. (N. A.)

de modo infame, até, por último, golpear o corpo, feri-lo. Tudo isso consiste em castigar-se primeiro, antes que as forças divinas vingativas o façam. Quiçá mais gravemente.

Afirmei rapidamente que o perdão universal, o que cada qual deve dar, começa a ser necessário quando existem muitos que têm que se perdoar muitas coisas entre si. A comunidade deve ter aumentado. Isso não sucede até o bem avançado helenismo, mas não antes que o perdão tenha aparecido como possibilidade de reconciliação, com a ajuda do castigo. Mas antes é necessário seguir fazendo esse assunto avançar por sua conhecida senda e, inclusive, por algum caminho lateral.

De novo a clemência

Não é o simples arrependimento que impede que a pesada mão da justiça caia sobre o culpado. O arrependimento é o que se espera de quem, tendo agido mal, se encontra com o pagamento em débito. Nenhum culpado se alegra com o castigo, e sim, chegada a hora, fraqueja e se arrepende. É o esperado. A força para fazer o mal não costuma ir acompanhada do valor para suportar o castigo. O que age mal crê que sairá indene, e isso o torna valente. Mas, quando as coisas chegam a seu termo, então é certo que se arrepende, fora de tempo, naturalmente, porque o único momento de arrepender-se a tempo é prévio à ação pela qual irá pagar. Por isso os culpados castigados não merecem clemência alguma. Se sofrem, é porque quiseram isso. A verdade durante a ontologia da dívida será que só os peitos e corações débeis se deixam impressionar por suas queixas e prantos.

Boa é a compaixão, dizem as fontes clássicas, mas para quem a merece: o justo tratado com vileza, o inocente levado ao tribunal injusto, o ofendido. A compaixão é boa em si, mas sempre deve ser medida. Do mesmo modo que seria enganador enfurecer-se desmesuradamente com quem, injustamente atacado, não tenha defesa — e só os vilões o fazem.³ Um ânimo bem estabelecido corta o fluido da compaixão humana quando quem sofre é culpado. A compaixão há de ser sempre medida, porque é espontânea e, em grande parte, a educação consiste em aprender a não senti-la. Um ânimo viril não se equivoca: nem é covarde nem desnecessariamente compassivo. Aristóteles sublinha que a compaixão há de ser sentida para com aqueles que, semelhantes a nós, sofrem uma desdita que *não* merecem.⁴ Sêneca adverte que a compaixão para com qualquer um é uma falha dos espíritos fracos "que se aterrorizam em excesso com a desgraça".⁵ Um ânimo correto pode, isso sim, ser clemente, mas já é outra coisa. A clemência é uma virtude viril, ponderada: "Assim como a religião honra aos deuses e a superstição os ofende, assim também os bons varões exercerão a clemência e a mansidão, mas evitarão a compaixão. Este é o vício do ânimo débil que sucumbe ante males alheios, razão pela qual é tão familiar, mesmo entre os malvados. Veem-se anciãs que se comovem até chorar pelos maiores culpados e, se pudessem, derrubariam a porta de sua prisão. A compaixão não considera a causa,

---

3. Este é um dos ensinamentos dissimulados de Cervantes no *Quixote*. Quando o cavaleiro liberta os galeotes, argumenta que, "no além, cada um com seu pecado; Deus, que está no céu, não se descuida de castigar o mau e de premiar o bom, e não faz bem que homens honrados sejam verdugos de outros homens"; no entanto, recebe como pagamento uma chuva de pedras, após o que conclui: "Sempre, Sancho, ouvi dizer que fazer o bem a vilões é jogar água no mar" (*El Quijote*, Madri: Aguilar, pp. 437-9). Caso parecido ocorre com Andrés, que volta a receber pauladas de seu senhor quando Dom Quixote abandona o pequeno bosque no qual os havia encontrado e feito sua justiça. Ante as queixas de Andrés, que mais tarde lhe relata o malfeito, o cavaleiro responde: "O dano foi ter-me ido dali e não deveria ir-me até deixar-te pago; pois bem devia eu saber, por longas experiências, que não há vilão que guarde palavra dada, se vir que não lhe está bem guardá-la". (p. 576). (N. A.)
4. *Retórica*, II, 8.
5. *Sobre a clemência*, 2.5.1.

mas apenas o infortúnio; a clemência vai unida com a razão".[6] A compaixão, por ser um movimento espontâneo da alma, arrasa os espíritos fracos. E, de fato, boa parte da educação do caráter, em muitas culturas, consistiu em aprender a dominá-la, até o ponto de não se senti-la. Para isso foram de imemorável ajuda os espetáculos cruéis, as lutas, as mortes de animais, as execuções públicas e demais acompanhantes da calosidade moral. Nisso, todos os mundos que nos são anteriores sobressaíram.[7] A clemência é a virtude que modera o rigor da justiça. Consiste de novo em ponderar. Medir o dano, ponderar algumas de suas circunstâncias, entender as situações passada e presente do autor e do que deva sofrer. Adequar-lhe a carga e fazê-la mais leve... para que possa carregá-la. Nada mais e nada menos. Os exemplos de clemência costumam assinalar, ademais, o desejo de quem faz a justiça de não se contaminar com o castigo que o culpado pode receber. O que aquele merece pode ser distinto da qualidade e da excelência daquilo que quem decreta possa querer. Uma cidade rebelde pode obter clemência de seu vencedor porque se defendeu bem, porque promete pagar um bom resgate ou porque seu novo dono estima que destruí-la e entregá-la ao saque esteja abaixo de sua grandeza. Na clemência há algo do perdão, mas do perdão divino. De um perdão que vem de cima e que só os muito elevados

---

6. *Ibidem*. Sêneca, um pouco mais adiante, elabora uma comparação plástica: "A compaixão é vizinha da miséria, da qual tem e toma alguma coisa. Nota-se que os olhos são fracos quando choram ao ver chorar; da mesma maneira, é sinal de enfermidade, e não de alegria, rir-se sempre que se vê rir, assim como abrir a boca quando outro boceja. A compaixão é enfermidade de almas demasiado sensíveis à miséria". A compaixão poucas vezes foi vista como virtude, daí o bom subtítulo que A. Arteta põe na obra que lhe dedica: "apologia de uma virtude sob suspeita". O autor defende que a compaixão é uma virtude, mas, em todo caso, trágica (*La compassión*, Barcelona: Paidós, 1996). (N. A.)
7. Lloyd de Mause dá vários exemplos do que chama "atenção projetiva", isto é, não empática, durante os processos educativos. Essa falta de empatia é o que se trata de inocular. Em *Historia de la infancia*, Madri: Alianza, 1982, p. 34 ss. (N. A.)

podem administrar. Mesmo para ela, o perdão deve ser buscado mediante os rituais condignos. Seria estúpido ser clemente com quem não quer corrigir-se. Há de se mostrar a disposição para que se obtenha a clemência. Hão de se praticar os ritos que a ela conduzam. Há de se pôr à mostra, ao menos simbolicamente, a condição humilhada do castigado. Enfim, há de se solicitar publicamente a clemência para se obtê-la. Os poderosos podem ser clementes.[8] Deus é, sobremaneira e sobre todos, Clemente.

O perdão dos pecados

Com efeito, à proporção que os rituais de perdão se vão multiplicando, a misericórdia divina o produz. E na mesma medida aparecem as cidades-refúgios, o asilo nos lugares santos e nos sítios do perdão. Não duvido que a eficácia das cidades-refúgios fosse principalmente demográfica, como também o foram as povoações medievais, mas, em todo caso, ir habitá-las supunha a interrupção de um castigo merecido, comutado pela provável dificuldade de nelas se estabelecer. Caso distinto são os lugares santos, embora não se possa excluir que as peregrinações tiveram excelentes consequências monetárias. O que importa agora iluminar é que, num período idêntico e culturalmente próximo ao helenismo, o principal atributo do poder divino começa a ser, no seio do judaísmo, a misericórdia.[9] Deus é quem pode perdoar e perdoa. Por que pode

---
8. E na opinião estoica, também os sábios, dado o aristocratismo de espírito em que se move essa corrente moral; de novo, o melhor exemplo se encontra em Sêneca, que afirma que o sábio não perdoa, mas "faz o mesmo como se perdoasse, pois perdoar é confessar que se omite algo que deveria ser feito". Isso é clemência, pois à clemência se permite "absolver e taxar os castigos no preço que lhes são convenientes". (N. A.)
9. Trata-se de uma invenção farisaica. "Os fariseus criam na eficácia do arrependimento e no perdão divino. Sua fé na justiça última se manifestava em seus ensinamentos sobre a recompensa e o castigo; Hillel é o mestre da misericórdia. Seu grito era: 'Misericórdia!

perdoar, cabe dizer que se encarrega de nossas culpas. Deus é a lei, mas é, manifestamente, superior à lei, pois, sem suspendê-la nem invalidá-la, perdoa. Obviamente, perdoa quando se cumprem determinados ritos expiatórios. Perdoa como perdoarão a divindade ou os lugares santos que acolhem peregrinações durante a Idade Média. Nos Evangelhos, textos helenísticos avançados, nos é dito que devemos perdoar, pois Deus perdoa. Com o risco de resultar enfadonha, devo repetir a sequência dita: à vingança sucede a justiça taliônica, mas a renúncia à vingança consiste em colocar a dívida em mãos de outro cobrador, cuja autonomia se acrescenta. "Perdoa porque minha é a vingança, diz o Senhor." Nos textos do Antigo Testamento e nas cartas paulinas, essa mesma ideia vai adquirindo matizes cada vez mais sutis, sem que a ontologia da dívida desapareça. "A ninguém pagueis o mal com o mal... não vos vingueis a vós mesmos, ó caríssimos, mas dai lugar à ira, porque está escrito: minha é a vingança, Eu retribuirei, diz o Senhor." E o mesmo texto continua: "Antes, pelo contrário, se o teu inimigo tiver fome, dá-lhe de comer; se tiver sede, dá-lhe de beber; porque, se isto fizeres, amontoarás brasas vivas sobre a sua cabeça".[10] Perdoar, portanto, faz parte de uma estratégia de justiça compensatória que se deixa nas mãos de Deus, pois Deus a garante. Não é um mandado irrestrito, consequencial. Perdoar é uma estratégia. "Não te deixes vencer pelo mal; ao contrário, vence o mal com o bem."

Certamente, há diferenças entre a claridade da carta paulina e o mandado incondicionado do perdão. Mas deve-se recordar primeiro que, nos textos evangélicos, nem sempre esse mandado

---

Deus é o Senhor da abundante misericórdia'. Acrescenta a Escola de Hillel que Davi compôs o salmo 116, no qual se diz: 'misericordioso e justo é o eterno; é piedoso o nosso Deus'" (N. Glatzer, *Hillel, el Sabio, op. cit.*, pp. 21 e 43). (N. A.)
10. Romanos 12, 17 ss.

incondicionado aparece.¹¹ Por exemplo, em Mateus 18, 21-22, no mesmo texto citado em nota, a uma pergunta de Pedro, o Mestre Jesus responde com o perdão incondicional: "Quantas vezes tenho de perdoar a meu irmão as ofensas que me faça? Até sete vezes? Jesus lhe disse: não te digo até sete vezes, e sim até setenta vezes sete". O texto é arrematado com a história do senhor que, tendo perdoado a dívida ao servo, vê que o servo não faz o mesmo com um devedor seu. Então o senhor chamou o servo e lhe disse: "Servo malvado, perdoei-te toda aquela dívida porque me hás suplicado. Não devias também ter-te apiedado de teu companheiro, como eu de ti? E o senhor, irritado, o entregou às autoridades, até que pagasse toda a sua dívida. Assim fará meu Pai celestial convosco se cada um de vós não perdoar de coração a seu irmão".

Esse é o mandado e o ensinamento que no Ocidente cristão vem-se repetindo a cada dia, durante dois mil anos: "Perdoai as nossas dívidas como nós perdoamos as dos nossos devedores".¹² Não é um mandado recôndito que se há de buscar com um candeeiro e que tenha permanecido no saber dos exegetas. É claro, contundente e cotidiano. Julgando com o caráter lógico do exemplo de Mateus, o Padre Nosso nos faz dizer que pedimos a Deus a remissão de nossas dívidas porque, entre nós, as perdoamos. De todas as formas, a questão parece residir não tanto na delegação da vingança que o perdão supõe (o que induz o aparecimento da ideia de Providência, ideia ontológica de cunho jurídico-moral), quanto

---

11. Por exemplo, em Mateus 18, 17, onde se recomenda tratar como gentio ou publicano quem seja contumaz na ofensa. (N. A.)
12. Atwood afirma que, em aramaico, dívida e pecado são a mesma palavra. É interessante diante da tradução dessa prece e mais ainda pelo sinal ontológico que aqui se estuda. Desgraçadamente, o estupendo livro de Atwood tem a particularidade de não possuir uma só nota, com o que as referências que dá deixam de ser tão confiáveis (*Payback*, *op. cit.*, p. 45). (N. A.)

na condição do perdão para que este possa ser tido em conta pela justiça divina. O mandado irrestrito de perdoar está, contudo, se formando. Como consequência, Deus se converterá em dono do perdão e naquele que mais perdoa.[13] Não se pode desconfiar da Misericórdia Divina... que se manifestará ao mesmo tempo que sua justiça. Uma perdoará; a outra pedirá o que é seu, a pena.

---

13. É interessante encontrar esse traço num judeu espanhol como Dom Sem Tob, o que indica que ambos os monoteísmos se tocavam, na Idade Média, com ideias similares: "Eu, estando aflito,/ com medo de pecados/ pelos muitos que fiz, sem conta,/ miúdos e notáveis,/ me tinha por morto,/ mas veio ao meu talante/ um conforto mui certo/ quem fez ditoso/ homem torpe sem prudência/ seria a Deus injúria/ a tua maldade em peso/ pôr com teu perdão./ Ele te fez nascer,/ vives à sua mercê;/ como poderá vencer/ sua obra a tua?/ Pecar é teu vício,/ o seu é perdoar/ e alongar a sanha/ os erros olvidar./ Assim como é mais alto/ o céu do que a terra/ o seu perdão é tanto/ maior do que tuas marcas de ferro" (Dom Sem Tob, *Proverbios morales*, Madri: Cátedra, 1998, p. 124). (N. A.)

V

UM CAMINHO LATERAL INTERESSANTE: A ETOLOGIA

O conselho do perdão há de se relacionar, além disso, com o mandado "impossível de cumprir", presente na tradição cristã: "amarás teu inimigo". Esse "impossível de cumprir" é um juízo presente nas indagações morais que buscam seu fundamento na etologia, a ciência da conduta animal, ou em sua herdeira prática, a sociobiologia. Os seres humanos, na qualidade de animais sociais, são, em seu mais alto grau, capazes de guardar fidelidade e perdoar as ofensas dentro de um grupo reduzido. Cada um se compromete a não usar nem abusar de sua capacidade de agressão... dentro do grupo. Os de fora são, por antonomásia, "os outros", para quem a regra não se aplica (caso sejam superiores, naturalmente).

Konrad Lorenz assevera o que dissemos precedentemente em *Sobre la agresión: el pretendido mal*[1] e explica:

---

1. (1963) Madri: Siglo XXI, 1971, p. 282.

Devemos tratar o "próximo" como se fora nosso melhor amigo, ainda que nunca o tenhamos visto; e, com o auxílio de nossa razão, podemos compreender claramente que temos a obrigação de amar inclusive nossos inimigos, coisa que jamais nos teria ocorrido por inclinação natural.

Todas essas novidades morais não pertencem ao nosso acervo puramente animal. Prossegue Lorenz:

> Todos os sermões ascéticos que nos previnem contra os impulsos instintivos e a doutrina do pecado original, que nos diz que o homem é mau desde criança, têm o mesmo conteúdo: a ideia de que o homem não pode seguir cegamente as inclinações herdadas.

Nessas afirmações, todos os etólogos estiveram de acordo. E Lorenz as repete em sua coletânea de trabalhos *La acción de la naturaleza y el destino del hombre*:[2]

> O número de pessoas que podem se manter unidas por laços de amor e de amizade, isentas de qualquer influência cultural, é muito limitado, situando-se ao redor de 11, segundo resultados coincidentes de diferentes estudos sociopsicológicos.[3]

Lorenz também sustenta que "o homem vive ameaçado pelo perigo do fratricídio generalizado, algo que não ocorre com nenhuma outra criatura".[4] Em outro de seus originais ensaios, Lorenz nos adverte de que somente com a bagagem do instinto não poderemos chegar a sobreviver como espécie nas condições atuais. A superpopulação, a destruição do espaço vital, a competição da

---

2. (1978) Madri: Alianza, 1988.
3. *Ibidem*, p. 157.
4. *Ibidem*, p. 274.

humanidade consigo mesma, a morte em vida dos sentimentos, a quebra de certas tradições, a formação sem o ensino de princípios e as armas nucleares são componentes de uma situação potencialmente assustadora. "Uma cultura pode extinguir-se como a chama de uma vela", afirma.[5] E por isso necessitamos cada vez mais de uma de nossas melhores e mais sutis criações, a moral, a moral responsável, assim Lorenz a chama; uma ética que não negligencie informar-se sobre as verdadeiras e profundas bases de nossas condutas. Tanto as estereotipadas, as aprendidas, as sociais, as sobreviventes e todo outro confuso emaranhado de recursos capazes de colidir entre si e que estão longe de terem sido compreendidos.

A nova situação biológica da humanidade faz indiscutivelmente necessário um mecanismo híbrido que impeça a agressão efetiva, não só contra nossos amigos pessoais, mas ainda contra todos os humanos, de todos os países e de todas as ideologias. Disso se deduz a obrigação incontrovertida, e que é um segredo descoberto ao se observar a natureza, de amar todos os nossos irmãos humanos, sem distinção de pessoa. Esse mandamento não é novo, nossa razão compreende bem quão necessário é e nossa sensibilidade nos faz apreciar devidamente sua beleza. *Mas, tal como estamos feitos, não podemos obedecer-lhe.*[6]

Como é possível amar quem nos odeia e dar a outra face a quem nos agride? Todo o nosso sistema de respostas como seres vivos se rebela contra semelhante possibilidade. Somos animais possuidores de um sistema de respostas para quem o "dar a outra face" mortifica. Mas, para assombro dos etólogos, esse mandado

---
5. *Ibidem*, p. 90.
6. *Sobre la agresión, op. cit.*, p. 336. O sublinhado é meu. (N. A.)

existe e, o que é mais perturbador, em certas ocasiões é cumprido. O próprio Lorenz insinua haver uma classe de pessoas, a que chama "os grandes artífices", que podem realizar, sim, esse impossível. A razão haverá de aperfeiçoar no futuro a seleção cega, empurrando-a por um caminho racional. E se já o tiver feito?

A *inventio* do perdão

Imaginemos por um instante que o perdão sistemático de qualquer ofensa seja um conselho muito prático para os que, de fato, não possam vingar-se. Apenas pelo expediente de perdoar, eles transformariam a sua debilidade em potência magnânima. Suponhamos uma pessoa de alto nível social cuja individualidade esteja, por simples questão numérica, menos compelida a vingar os agravos para manter sua posição. Uma pessoa para a qual o império da lei geral seja grande e lhe permita abdicar das partes mais onerosas da manutenção do prestígio individual. Esse foi precisamente o tipo de pessoa que começou a se instalar no baixo período do helenismo e se solidificou no Império Romano. Após séculos de vigência, desapareceu.

O perdão desempenhou um papel importante no triunfo do cristianismo durante o Baixo Império. Em verdade, essa religião pôs as virtudes ao alcance democrático dos que nunca antes haviam sido virtuosos: os fracos, as mulheres, os servos. Todos podiam ser magnânimos, como também valorosos. A virtude deixava de estar reservada aos grandes e afortunados. E tinha um observador e garantidor: o próprio Deus, que contava cada ação, cada pensamento e cada cabelo.[7] Esse foi um mundo muito breve.

---

7. Wayne Meeks, em seu magnífico livro *Los orígenes de la moralidad cristiana*, Barcelona: Ariel, 1994, sublinha a importância da hospitalidade e do oferecer para o triunfo da religião. Embora também mencione a prática do arrependimento, assim como a da

Não é estranho que, desaparecidas também tais condições, durante muitos séculos revivesse um direito mais arcaico e nada partidário do perdão nos reinos godos que, no entanto, eram oficialmente cristãos. No *Fuero Juzgo*, mas também n'As Sete Partidas, não só o perdão não existe, mas é dissuadido, mediante castigos, caso se trate de delitos que digam respeito à honra individual. Em ambos os códigos, por exemplo, o marido ofendido pelo adultério tem a prerrogativa de executar ele próprio a sentença de morte. E tem-se a impressão de que deve fazê-lo, se quiser manter seu direito à honra. Quem, então, perdoa, perdoava? Deus perdoa, mediante os rituais oportunos. Mas o perdão não exime da pena. Mediante indulgências, a Igreja administra o tesouro do perdão que os santos acumularam. A Igreja, em todo caso, sempre perdoa. O réu entregue ao braço secular pode ter o contentamento de saber que a Santa Madre o perdoou, reconciliou-se com ele, numa cerimônia prévia de perdão. A justiça humana, à qual é imediatamente entregue, o fará padecer os suplícios que lhe tenham sido atribuídos previamente: humilhação, açoites, amputação, fogueira, porque essa é a sua lei. E uma não impede que a outra se cumpra. O clero reconcilia, o verdugo executa.

O perdão dos fracos

Interessa-me, porém, retomar a possibilidade que antes deixei em aberto: que o mandado irrestrito de perdoar tenha constituído,

---

criação de redes de suporte para as pessoas desfavorecidas, parece não querer ver a parte de orgulho pela virtude recém-conquistada que os primeiros cristãos puderam sentir. Imagina-os carentes do respaldo das práticas e dos hábitos morais que os filósofos possuíam. Imagina que o cristianismo, uma vez aceito pelas elites cultas, democratizou sobretudo o ascetismo (p. 138). (N. A.)

nos tempos adequados, a única possibilidade de exercício de magnanimidade para os que são objetivamente fracos. E contrastarei esse mandado, ou melhor, o acompanharei com outra assombrosa ideia de Cervantes, que foi amputada: a de que os fracos não podem ser ofendidos. O primeiro exemplo de perdão do fraco se manifesta na terrível cena do Calvário. Perante as injúrias e os tormentos recebidos, o condenado, já agonizante, profere: "Pai, perdoai-os porque não sabem o que fazem". É óbvio que o Mestre está pressupondo que a vingança pertence a Deus e age, portanto, dentro de sua tradição. Também dá uma razão para o perdão que a justiça objetiva jamais achará válida (a ignorância da lei não exime alguém de ter de respeitá-la), mas que forma parte de todo o processo de juízos intencionais que associamos com a ideia moderna de consciência. No entanto, o assombroso é que profira, para aqueles que o insultam, o perdão. Imediatamente, coloca-se acima deles, embora no transe não tivesse outra opção senão consentir.[8] Pois consentir não é perdoar.

Num transe parecido, em virtude do ensinamento cristão, muitos réus perdoaram, inclusive ritualmente, o verdugo. Mais ainda, perdoar o verdugo se converteu em um procedimento a mais do rito de justiçamento. Outros, levando-o mais longe, perdoaram os juízes, com evidente desagrado dos próprios juízes. No caso de Luís XVI, no cadafalso outorgou perdão público a todos os que o tinham conduzido até ali. Esses são exemplos extremos de uma conduta geral, e sem dúvida inteligente, que assim se poderia

---

8. "Voltemos à vítima e ao perdão. Observem bem que, quando se reivindica o tema do perdão, a vítima se coloca em posição de superioridade com relação ao culpado. Levanta a cabeça em nome da justiça, da dignidade, de todo o gênero humano. Ao outro isso lhe importa? Evidentemente. Mas é a vítima, na medida em que estabelece o tema do perdão, que se converte em motor da história. O outro se vai atrelando à parede. Ainda que fosse um tirano, reina sobre o silêncio imóvel" (J. Bertin, in *El perdón, op. cit.*, p. 97). (N. A.)

resumir: quem sofre um agravo, não podendo defender-se dele nem devolver a ofensa, tem uma maneira de sair da situação — perdoá-la e por isso colocar-se à margem e acima dela. Dir-se-á que é um recurso da debilidade, mas não sou tão nietzschiana que não possa discernir entre uma boa e uma má debilidade, entendendo-se por boa a que, sabendo de si, decide conservar os restos de humanidade que a constituem e expô-la ante a adversidade. Todos nós sabemos precisar muito bem quando passamos por coisas ou perdoamos coisas. Brevemente, podemos dizer que "um pouco de perdão facilita a vida". Não podemos ficar pedindo retribuição a cada um e por cada coisa, de modo que passamos por muitas ofensas.[9] Mas não por todas. Essas são, precisamente, as que consideramos fundamentais. As difíceis de perdoar. No perdão individual há uma grande sabedoria. Se perdoamos alguém por sua indiferença, sua malcriadez, seus atos humilhantes, sua inveja, ou coisas inclusive piores, de algum modo nos livramos de tudo isso.

Tudo isso é como um óxido para a alma, é muito prejudicial quando se quer desenvolver o melhor de si mesmo, de nossa sensibilidade, em nosso coração e em nossa inteligência também. Perdoar [...] é um sinal de sabedoria e de eficácia na vida.[10]

No dilema hamletiano entre a paciência e a vingança, a paciência que sempre perdoa se sairá melhor. Sem dúvida, é uma opinião que só pode ser assegurada no *dictum* de Spinoza, segundo o qual a misericórdia é outro dos nomes do amor. Não seria fácil de se

---

9. A. Etzioni, em *La nueva regla de oro*, Barcelona: Paidós, 1999, p. 230, lembra que nas relações próximas quase nunca funciona bem o 50/50. É muito mais proveitoso o 75/75, isso é, dar mais do que o requerido, a fim de conservar um bem maior, que é o próprio vínculo. (N. A.)
10. M. Ángel Estrella, em entrevista a Dora Valayer, *El perdón, op. cit.*

adivinhar na Ética de Spinoza se o amor aumenta a potência por si mesmo. Mas creio que se possa afirmar que o perdão o faz. Se o perdão nos libera da obrigação da vingança, quando não temos forças nem arrojo para concluí-la, ele nos coloca numa posição melhor do que aquele que simplesmente deve aguentar, pois faz por nós algo bem importante: *permite-nos seguir sendo donos de nós mesmos*.

No entanto, pode ser que esse dever do perdão seja tão recorrente para alguns, no caso de a fraqueza ser, por si só, tão patente e contínua, que se chegue à opinião cervantina já aludida:

> As mulheres, as crianças e os eclesiásticos, como não podem se defender, ainda que sofram agravos não podem ser ultrajados. Pois entre o agravo e a injúria existe essa diferença como Vossa Excelência melhor sabe: a injúria vem da parte de quem pode fazê-la, a faz e a sustenta; o agravo pode vir de qualquer parte. Como exemplo: alguém está na rua, descuidado; chegam dez com mãos armadas, dando-lhe pauladas; ele tira sua espada e faz seu dever, mas a multidão dos contrários se lhe opõe e não o deixa cumprir sua intenção, que é a de vingar-se. Ele sofre agravo, mas não ultraje... Esses três gêneros de gente carecem de armas ofensivas e defensivas; e assim, embora estejam obrigados a se defender, não estão obrigados a ofender ninguém.[11]

Naturalmente, converter constantemente a ofensa recebida em perdão, embora salve a individualidade, corre o perigo, como podemos ver em Cervantes, de solapá-la. Quem não recebe agravos não os pode fazer, quem não recebe injúria não pode injuriar, ou "mãos brancas não ofendem"... ainda que o queiram. Esse é o risco de muito perdão que só pode ser combatido se continuarmos nos lembrando de que o trato se mantém porque quem perdoa põe em mãos alheias a vingança.

---

11. *El Quijote, op. cit.*, p. 1.185.

Daí Nietzsche ter suposto que o perdão era meramente uma estratégia hipócrita dos débeis. N'*A genealogia da moral*, desconfia de todo perdão porque é simplesmente um adiamento da vingança rasteira que os fracos realizarão quando suas circunstâncias numéricas o permitirem. O perdão seria uma espécie de espiritualização da crueldade, que jamais a faria desaparecer. Ele escreve:

> Pouco se alegrou o homem desde que há homens. Esse é nosso único pecado original, meus amigos [...] Sede parcos no aceitar, distingui ao receber, este é o conselho que dou ao que nada pode [...] Todo grande amor sabe superar o perdão e a misericórdia (Deus morreu, a compaixão para com os homens matou Deus).[12]

Um pouco antes, dissera: "Um verdadeiro amigo não é apenas quem nos acolhe ao sermos ofendidos e nos consola. Sabe também ser uma dura cama". Se acontecer de a instância à qual durante séculos se delegou a vingança não mais existir, então a situação mudará radicalmente. Se toda a providência que existe somos nós mesmos, há de se repensar o perdão e o esquecimento, que foram aquelas máquinas morais que edificaram as antigas pazes.

O assunto é simples: ante o sofrimento do mal, e desde as eras mais antigas, levantaram-se estratégias para contê-lo. Uma foi a taliônica, modelo de toda a justiça. A outra foi o perdão. Este articulou-se não sobre o repúdio ao talionismo, mas sobre a entrega da vingança a outras mãos providentes. A justificação também foi simples. Se pagamos o mal com o mal, a soma dos males só faz aumentar. Se devolvemos o bem pelo mal e deixamos o castigo direto do mal em mãos mais fortes e sábias, divinas, ao menos nos livramos

---

12. *Obras completas*, tomo III, Madri: Aguilar, 1967, pp. 290-1.

da parte maléfica que a justiça taliônica sempre comporta. Para que essa segunda estratégia de vencer o mal tivesse êxito, requereu-se emoldurá-la dentro de um discurso providente. E, além disso, dentro de uma teleologia que tinha como objetivo o triunfo do bem, triunfo final que devia ser apoiado por todos, na medida de suas forças.[13] O triunfo final do bem, no que concerne a nós, os humanos, se apoia sobre dois modos: evitar fazer o mal e perdoar o que tenha sido feito. Mas o que sucede se o mal, apesar de tudo, reaparecer? Esse mundo, no qual o triunfo do bem está assegurado e cada um escolhe seu lado, deixou de existir. Esses já não são os nossos subentendidos nem as ideias de fundo que temos em comum. É certo que, durante o idealismo alemão, se secularizaram e assim prolongaram alguma coisa de sua vigência. Quando Hegel inventa a "astúcia da razão", que nos serve para saber com certeza que o bom objetivo se alcança mesmo que seja por males aparentes, seculariza a providência divina. O perdão lhe delegava o bem para que a ontologia da dívida ficasse, apesar de tudo, satisfeita. Mas o que acontece se a potência divina da vingança ou se sua secularização (a astúcia hegeliana da razão) já não oferecem suficiente confiança? Sem entrar nesse momento na questão de se o marco da dívida subsiste, podemos resolver esse assunto aqui: já não existe confiança providente. E esses são os nossos tempos. O mandado irrestrito do perdão deve ter-se modificado.

---

13. Isso foi de extrema importância na pedagogia cristã dos primeiros tempos, que consistia em criar uma ordem na qual a disputa do bem contra o mal era o eixo ordenador (Meeks, *Los origines de la moralidad cristiana, op. cit.*, p. 125 ss.). (N. A.)

VI
O NOVO PRECEITO: "NÃO ESQUECERÁS"

A uma situação similar parece responder a ênfase posta pela Escola de Frankfurt e também pela filosofia que suspeita das más consequências de se esquecer o mal padecido. É quase um chavão que todos temos ouvido: "Os que se esquecem da história se arriscam a repeti-la". E o que não se deve esquecer são os males. No entanto, nessa formulação, o conservar a memória do crime parece justificar-se por meros assuntos utilitários, ainda que tenham mais vigor: não esquecer erros nem crimes para não repeti-los. Essa não é provavelmente a verdadeira nem a boa razão para a vigência da memória. Melhor parece ser essa: *não esqueça, porque se você esquece, esquece*. Isso que se disse não é nenhuma tautologia, pois o que implica é: ninguém nem nada lhe dará o direito de esquecer, ou seja, de perdoar, por um defeito seu, em nome de outro.

Deixo a palavra à dura voz de Jankélévitch:

> O tempo do esquecimento, que supostamente nos aconselha ao perdão, nos aconselharia, além disso, à frivolidade e à

A MEMÓRIA, A JUSTIÇA E O PERDÃO

> superficialidade, a uma inconsistência leviana, pois há esquecimentos e esquecimentos. O tempo, ademais, aconselha qualquer coisa a quem quer que seja, confusa e indistintamente [...] A esquecida natureza, segundo dizem, não é rancorosa, mas sua despreocupação não encerra qualquer significação moral [...] A inocente primavera brilha para os malvados, tanto quanto para os bons [...] A cada ano florescem árvores em Auschwitz, como em todas as outras partes, e a vegetação não tem asco de crescer nesses lugares de horror indizível; a primavera não distingue entre nossos jardins e o solo maldito em que pereceram a ferro e fogo quatro milhões de ofendidos.[1]

E o autor conclui: "A bela primavera não tem má consciência; na realidade, não tem consciência alguma, nem boa nem má". É o homem esquecidiço a consciência que deveria estar acordada, a que trivializa o mal ao esquecê-lo. E não tem direito a isso.

Quando não há pagamento possível

As vozes que pedem à memória uma constante rememoração o fazem à maneira de Catão, quando lembrava o Senado romano, ao final de toda sessão, que "se devia destruir Cartago"? Pelo que sei da memória humana, estou pensando, e admito que sem nenhum dado, que a decisão de apagar Cartago da face da terra foi tomada quando o senador se esqueceu de dar voz ao lembrete. A presença constante de algo não parece evitá-lo, no caso do mal, nem sua recordação o faz mais repugnante. Pode, inclusive, trivializá-lo. E isso se não der ideia a alguns.

Confesso que o tema me encoleriza. Ocorre com muita frequência em seminários, debates, ou inclusive em livros, que o

---

1. V. Jankélévitch, *El perdón*, Barcelona: Seix Barral, 1999, p. 54.

terrível tema do Holocausto seja invocado para dele extrair ensinamentos que, quase nunca, estão à altura de semelhante horror. Do fato de que alguém tenha pronunciado a frase "como se pode pensar depois de Auschwitz", alguns tiraram uma conclusão equivocada. Invocam esse nome à direita e à esquerda para exemplos triviais que podem ser perfeitamente solucionados sem que se manuseie tal memória. Não há filme, montagem teatral ou diretor de ópera que não faça menção a um bom punhado de nazistas. Mas isso não é fazer memória e não esquecer. É, justamente, trivializar algo que nos escapa: a mais terrível experiência da modernidade. As próprias menções a semelhante trauma deveriam sempre ser medidas. Elie Wiesel, sobrevivente e Prêmio Nobel da Paz, insistia em chamar-lhe "a coisa". Não pronunciemos em vão esse nome.

Também não admito a estratégia banal, ou pior, ladina, de culpar os tempos que nos tocou viver e a seus males por toda a estultícia. Quando de lábios pouco adequados escuto que tais e tais características dos tempos — os mais repugnantes —, os genocídios, a violência, são a causa da incapacidade organizativa e conceitual do sujeito que se atreve a mostrar uma obra deficiente, confesso que o sangue me arde. A memória do mal é tamanha que não admite semelhantes trivializações, ou, dito em outros termos, não pode ter uso para aquele que o padeceu. Para os demais, deve ser inominável como causa. Um silêncio respeitoso indica aqui que o esquecimento não nos capturou.

Por isso mesmo, não cabe exigir à vítima que perdoe, que se esqueça, ou ambas as coisas. Depende de sua posição na propriedade do eu. Em qualquer caso, a instância objetiva não pode perdoar pela vítima sem que a justiça se ressinta. O assunto é que a compensação, no caso em que Jankélévitch clama, seria impossível. Então, o dever de não esquecer é invocado.

No todo, fazer a paz é a nossa herança. E no mundo, tal como nos chegou, se fizeram tantas pazes quanto guerras. Não fosse assim, falaríamos de uma "falsa paz" ou de uma "paz em falso" que conduziria a uma outra guerra no momento em que os contendedores recuperassem sua capacidade ofensiva. O perdão se faz sobre a base de um pensamento comutativo dos males, segundo o qual cada lado contendedor fez o bastante para que entre uns e outros não caiba distinguir agravos não resolvidos. "Que um valha pelo outro" parece ser a lei invocada. Após semelhante cancelamento, surge um pedido pragmático de esquecimento. A partir desse momento, ninguém mais retornará sobre as somas dos males, ao menos ninguém com poder ou representação suficientes para fazer a paz. O mal é cancelado, compensado por outros males, e é esquecido de fato, ainda que permaneça na memória individual e suas marcas sejam patentes nos ofendidos. Nada se pedirá por ele. O mutilado não pode esquecer o seu mal, naturalmente, mas para quem faz a paz, porque pode fazê-la, esse mutilado tem um homólogo no campo contrário; portanto, esqueçamos. Os mortos, efetivamente, nada podem pedir, estão mortos, e sua voz somente chega a ser audível caso se dê o rearmamento ofensivo. Se as coisas melhorarem, se a paz frutificar, tanto haverá cemitérios numa parte quanto na outra.

Agora, o que sucede se a compensação for impossível porque de uma parte está toda a violência e de outra todo o agravo? Ocorre que esse mal não pode ser compensado.[2] Recorre-se então ao perdão como um ato meramente linguístico: "perdoamos, mas

---

2. "Na história do sofrimento está a possibilidade dessa experiência total, sem o que não há história", afirma Reyes Mate em *La razón de los vencidos*, Barcelona: Anthropos, 1991, que se orienta em *recordar o esquecido*, encarnar o anjo de Klee, que glosa Benjamin (p. 202 ss.). (N. A.)

O NOVO PRECEITO: "NÃO ESQUECERÁS"

não podemos esquecer". Claro que, psicologicamente, podemos esquecer e engolir sapos e lagartos. O fato é que *não devemos*. Não há compensação, não há equação. O talionismo enraizado na ontologia arcaica da dívida exige virulentamente a propriedade comutativa e possui uma lógica implacável. Se não se pode cumprir, se não há olho por olho, se existe apenas a dor e a ofensa de um lado, e aquele que os produziu não pode, por outro lado, responder por tudo o que fez, algo demasiadamente forte se rompe. Esse é o caso do Holocausto e dos genocídios.

No entanto, a "memória do agravo", quando é dessa natureza, costuma implicar coletividades e nos conduz ao dificílimo tema da culpa coletiva.[3] Em tais ocasiões, a identidade do próprio grupo se constituiu sobre o agravo, que não pode nem ser esquecido nem perdoado. O esquecimento obrigaria o grupo ou a buscar uma nova memória coletiva, o que implicaria deixar de ser o que é, ou desfazer-se. São os casos, por exemplo, de armênios e de judeus. No primeiro, o que se mantém unida à diáspora é uma data, 1915, o ano do genocídio; no segundo, é uma dilatada memória do agravo.[4]

---

3. K. Jaspers, em *La culpa* (1946), Barcelona: Paidós, 1998, p. 69, reflete precisamente sobre o alcance da culpabilidade coletiva e escreve: "*Essa é vossa culpa* pode significar: participastes daqueles crimes, logo sois criminosos. Isso é manifestamente falso para um número considerável de alemães. Finalmente, pode significar: como povo, sois inferiores, indignos, a escória da humanidade, distintos de todos os demais povos. Essa é a forma de pensar e de pesar em termos de coletividades, a qual, com a subsunção de cada indivíduo sob esse universal, resulta radicalmente falsa e, ao mesmo tempo, inumana". (N. A.)
4. "Por que, por que esse ódio contra o judeu durante dois mil anos no Ocidente cristão? O povo judeu tem muito o que perdoar, ao longo de três milênios, aos assírios, aos babilônios, aos gregos, aos romanos, aos cristãos e à Europa laica e democrática do século XX [...] O perdão é uma exigência histórica, urgente e indubitável. Assim se expressa atualmente: o povo judeu pode perdoar à Igreja e à Alemanha nazista? Mais radicalmente: deve perdoá-las?" (A. Abecassis, "El acto de memoria", in *El perdón, op. cit.*, p. 134). (N. A.)

A MEMÓRIA, A JUSTIÇA E O PERDÃO

Quem deveria pagar

Quem é responsável? Quem deve pagar? É bastante fácil indicar a Turquia e a Alemanha, respectivamente. Aqueles que cometeram os crimes já não existem, e a disposição atual de ambos os Estados é outra. O acontecimento fundador, o núcleo da memória permanece, então, como uma dívida impossível de cobrar. E a não ser que afirmemos, como o fez Levinas, que é inteiramente justo que os filhos paguem as culpas dos pais, permanecerá sem cobrança. E assim é de ambos os lados, pois uns necessitam da memória da dívida para seguir existindo, e os outros não a podem pagar. Somente Deus poderia dar esses perdões? Qual Deus? O Deus judaico, o cristão ou o islâmico? O Deus dos deístas? O dos que não creem na culpa coletiva?

Se, além disso, admitirmos que o perdão é cristão, antes de tudo, que sentido tem dá-lo ou reclamá-lo a quem não o possui dentro de seus registros de cultura moral?[5] O *Yom Kipur* põe em paz o judeu com o judeu, mas não o povo de Israel, massacrado. E assim com os demais. Os perdões são feitos para o interior, são fundadores e religantes, unidos com a ideia de que *um grupo é um corpo*. Perdoo-te porque te necessito puro e santo perto de mim. Perdoo-te porque somos um; peço à divindade o perdão para ti e para mim porque Ela saberá compensar teus excessos com minhas dívidas. E Sua misericórdia porá o resto, caso as contas não sejam exatas. Ela, enfim, também firmou e confirmou um pacto que inclui o perdão. Mas e os que se encontram fora?

---

5. Considere-se a resposta de uma historiadora armênia à pergunta pelo perdão: "Não me sinto autorizada a perdoar [...] A ideia de que somos todos injustos, todos culpados, em certa medida, a teologia segundo a qual podemos e devemos perdoar, porque seremos perdoados por Deus, porque nossas faltas foram redimidas na cruz, pode ser generalizada para além da ética cristã?" (*El perdón, op. cit.*, p. 157). (N. A.)

O NOVO PRECEITO: "NÃO ESQUECERÁS"

A noção de "semelhante", de "próximo", alude em princípio àquele que compartilha comigo os deuses, os rituais, as leis e os valores. Qualquer grupo humano que se haja constituído no passado definiu quais são os códigos morais que respeitará *para dentro* e deixou em suspenso tais mandados para fora, isso se não previu outros que lhes sejam contrários. O perdão judeu, por exemplo, é a marca do perdão fundador, o que permite ao povo sobreviver, e se dá dentro de uma forma religiosa que não é inclusiva. Foram as religiões inclusivas, todas elas posteriores ao ecumenismo mediterrâneo, que trataram de dar uma forma homogênea, as que traçaram monoteísmos proselitistas.

Pela própria magnitude potencial do grupo a que se dirigiam, sempre católico, isto é, universal, essas formas religiosas também delinearam suas morais universalmente e, da mesma maneira, por idiotismos que continham, não desejavam nem eram capazes de marcar a diferença intergrupo-extragrupo. Quando o sentido de pertencimento afrouxava, os indivíduos adquiriam uma capacidade auto-organizativa e de autonomia bem maior e mais extensa. Porque já havia indivíduos, esses puderam mudar suas crenças. Mas, uma vez fagocitados, o grupo se recobrava. As pretensões de universalidade permaneceriam intactas, o grupo exterior seria objeto de apostolado. Mas dentro impunha-se a unanimidade. Nos grupos, os indivíduos nunca são bem-vindos. No entanto, o universalismo possui, como característica sua, a deriva individualista.

O que quero dizer, enfim, é que o perdão não contém o mesmo marco nem os mesmos efeitos dentro de uma sociedade individualista e dentro de outra que não o seja. O individualismo está prefigurado na atomização que sofre qualquer sociedade que possua uma dessas formas religiosas. E, embora todas elas possam ter fases regressivas, fechar-se e voltar a ser compulsivamente normativas

85

para dentro, ao mesmo tempo que se fazem mais violentas para o exterior, em tempos menos obscuros elas recuperam seu tom individualista, tendo o universalismo como pano de fundo.

Em tais marcos, a responsabilidade, ou, menos ainda, a culpa coletiva, dificilmente é defensável. Tomemos o espantoso caso do genocídio judaico. Quem são os culpados? Todos os alemães ou só os que votaram no partido nazista? A primeira hipótese é impossível. Muitos alemães nunca apoiaram o fascismo. Mas a segunda também contém suas dificuldades: nem todos os votantes do nazismo, enquanto houve eleições, sabiam o que se preparava. Temos então, exclusivamente, as autoridades e os que serviam nas tarefas infernais do extermínio. Eles devem, sim, ser julgados, e consideramos seus delitos imprescritíveis. Dada a diferente envergadura dos grupos, nem sequer suas execuções pagariam as vidas por eles ceifadas nem a forma como o fizeram.[6] Assim foram as coisas. A balança ficou para sempre desnivelada. Daí o dever da memória. Mas ninguém fala de perdão.

Porque, além disso, quem poderá perdoar? Os assassinados? Claro está que não. Seus familiares? Muitos não existem e, por outro lado, a magnitude dos fatos é tal que, a existir seus perdões, não poderiam comprometer os demais. Por último, e de novo, a quem se deve perdoar? À Alemanha, aos nazistas ou aos executores diretos e materiais? Se o assunto se dá entre coletivos desmesurados, por exemplo a Alemanha, então volta a funcionar, do exterior, a

---

6. Bruno Bettelheim mencionou essas contas, ao mesmo tempo em que fez perguntas muito incômodas em seu livro *El peso de una vida*, Barcelona: Crítica, 1991. As contas eram as seguintes: "Morreram menos de uma centena contra mais de quatro milhões de judeus. Essa é a proporção real do ocorrido" (p. 228). Não poupa, em suas incômodas perguntas, encarar como foi possível tal massacre, incluindo-se a colaboração, por diversos motivos, dos que não queriam acreditar no que estava sucedendo. Já fizera o mesmo em outro livro, *El corazón bien informado*, México: FCE, 1973. (N. A.)

O NOVO PRECEITO: "NÃO ESQUECERÁS"

terrível lógica da ontologia da dívida. Por acaso a Alemanha não sofreu uma guerra terrível, um bombardeio maciço, a destruição de suas cidades, a repartição de seu território durante quase meio século? Toda a sua cultura não está sob suspeita? Cada um de seus cidadãos não nasce com uma culpa sobre os ombros, que de tão pesada pode-se fazer insuportável? Mas podemos ir um pouco mais longe: acaso, a partir da criação do Estado de Israel, este não gerou uma violência suficiente para compensar a violência anterior padecida?[7] E não podemos evitar fazer as somas. Somos seres que somam, com uma tenaz economia simbólica no que diz respeito ao mal. Se elegermos como marco ontológico que os grupos são indivíduos, então são imputáveis. E se eles não querem fazer suas somas, nós as faremos. E quando as considerarmos equilibradas, já não nos comoverá a súplica de cada um por seu ressarcimento. "Perdoai-vos, se podeis, entre vós, e deixai-nos em paz." É suficiente. A história é longa, segue, e queremos virar a página: não podeis detê-la, exigindo atenção constante para vossas feridas; todos nós as temos ou as tivemos, as fizemos ou as faremos. Que tudo vá para o esquecimento.[8]

Mas estamos supondo agora um caso no qual, de um lado, está todo o agravo e, de outro, toda a violência. Se em tais circunstâncias, de somas que supõem feridas abertas e sem pagamento,

---

7. Veja-se, porém, que a violência do Estado de Israel está prejudicando, terrível questão, o horror do Holocausto. Não o digo, naturalmente, em termos absolutos, e sim para certa mentalidade corrente. "Podemos dar o exemplo de Israel, cuja legitimidade descansa sobre um desastre absurdo, injusto, mas que apaga agora, em nome da sobrevivência mesma do país, os crimes não menos reais que Israel comete, como se não tivessem qualquer realidade" (Bruno Bettelheim, *El peso de una vida*, op. cit., p. 157). Posições similares em R. Garaudy, *Le futur: mode d'emploi*, Paris: Vent Du Large, 1998. (N. A.)
8. "A maior parte dos seres [...] crê na memória [...] e na possibilidade de reparar. Uma é tão falsa como a outra. A verdade se situa justamente no extremo oposto: tudo ficará esquecido e nada será reparado. O papel da reparação (por meio da vingança e do perdão) será feito pelo esquecimento. Ninguém irá reparar os erros cometidos, mas todos os erros serão esquecidos" (Milan Kundera, *La broma*, Barcelona: Tusquets, p. 162). (N. A.)

alguém nos fala de perdão... Mas, antes, vejamos outro aspecto da mesma coisa. Porque tal economia existe, alguns se esforçam em matizar esse mal não como quantitativo, o que o faria insuperável, mas em razão de seu horror, de seu aspecto qualitativo. O terrível do Holocausto, se diz, não está em um ou em seis milhões de pessoas assassinadas. O que causa tremor nas perseguições inquisitoriais não foi o número de vítimas. "Ainda que houvesse só uma", afirma-se, o horror não seria menor, pois que reside no próprio procedimento: a racionalização do crime. Não sei se tais empenhos terão êxito, embora sejam bastante sólidos. A racionalidade da crueldade utilitária costuma sempre se pôr como mal maior, ao lado da crueldade espontânea. Mas ignoro se é suficiente. E em cada caso de crueldade, ainda que esteja presente o desígnio de ordem, há elementos espontâneos, imprevisíveis e infernais, por serem caprichosos. A própria ideia de Inferno parece algo ridícula se a supusermos com funcionários e hierarquias. Deixa de assustar; é, afinal, previsível. Ao passo que em todo mal há um elemento de arbítrio e de insegurança absoluta: que possa acontecer qualquer coisa atemoriza mais do que uma enumeração dos males que ocorrerão.

Jankélévitch se havia inclinado pelo imprescritível. E sua posição parecia encerrar o debate; exige-se a memória para sempre. O perdão não pode ser oferecido. Assim estava o caso, e eu também, quando me chegou a notícia dos seminários sobre o perdão que Derrida havia organizado; tive conhecimento pela entrevista a que aludi no início. Naquele tempo, li-a com interesse, embora com certa prevenção, confesso, pois não é um filósofo por que eu tenha transitado ou goste de transitar. Derrida, também de origem judia e franco-argelino, sofreu as consequências do governo de Vichy, que, em seu caso, o expulsou do ensino quando ainda era

O NOVO PRECEITO: "NÃO ESQUECERÁS"

adolescente. O que pretendia acrescentar a filosofia da desconstrução ao tema do perdão impossível?

Não deveis esquecer. Não posso perdoar

Derrida parece se ocupar quase exclusivamente desse último assunto: a incapacidade de perdoar. Seu seminário sobre o perdão, que tinha suas repercussões, se conecta a um fundo duro e recorrente das filosofias francesa e alemã: que significa o perdão depois das terríveis experiências do século xx? Como já disse, não suporto a invocação em vão de males tão graves, de modo que, desde o princípio, me pus em guarda. Mas esse não parecia ser o caso de Derrida. Na verdade, ele entrava por um tema aberto e sangrento da filosofia continental e, além disso, de sua área cultural.

Voltemos ao caso. Um excelente filósofo do século xx, a quem muito aprecio, Karl Jaspers, em mais de uma ocasião afirmou que não podia nem nunca poderia perdoar outro colega, Heidegger.[9] Não se tratava de uma rixa entre professores que houvesse deixado as coisas mal resolvidas. Em meio à relação entre ambos, anteriormente boa, havia transcorrido o grande rio de crimes que conhecemos por Holocausto ou *Shoah*, e cada um pertencia a uma das margens. Jaspers foi silenciado na Alemanha nazista, afastado da docência e ele mesmo relata que esteve a ponto, juntamente com sua esposa, de ser embarcado num dos trens da morte.

---

9. A mesma afirmação foi feita por Levinas. E Jankélévitch, de sua parte, tendo sido educado na cultura alemã, depois da guerra nunca mais voltou a falar alemão nem ouvir música cantada em alemão. A origem do tema do perdão em todos eles é precisamente o Holocausto. Em 1963, uma série de autores judeus se reuniram num congresso sobre o perdão, cujas atas foram publicadas, tendo Levinas como editor, sob o título *La conscience juive face a l'Histoire*, Paris: PUF, 1965. Ali se fizeram as primeiras aproximações. O tema foi reavivado nos anos 1980, quando os últimos e velhos colaboracionistas de Vichy foram julgados, e a essa etapa responde o livro de Jankélévitch. (N. A.)

Essa experiência da *Shoah*, o alento do anjo da morte, marcou profundamente boa parte da filosofia continental europeia da segunda metade do século xx. Poder-se-iam enumerar várias figuras de grande porte no mundo do pensamento para as quais a *Shoah* representa o marco entre um antes e um depois irrevogável. É o caso pelo qual me perguntava há pouco: o que acontece se a compensação é impossível porque de um lado está todo o agravo e, de outro, toda a violência.

Jankélévitch, por exemplo, expressou isso de uma vez: "Não se pode perdoar o que não se pode punir". Tal afirmação faz parte de um texto feroz: *L'imprescriptible*[10]. O perdão não é possível e o esquecimento é repugnante. Não pode haver perdão em seus próprios termos e a memória do agravo há de ser mantida. "Não esquecerás" é o novo preceito que surge quando precisamente a compensação do agravo não pode ser pedida ou confiada à Moira ou à Providência.

A história é algo que se constrói, um relato, não uma acumulação de espírito que pode ser desvelada: portanto, não cancela nem estabelece a paz. O conselho hegeliano de se pôr em paz com a realidade não pode ser seguido, pois o grande relato que garantia essa paz ruiu.

> Só resta um recurso, recordar; ali onde nada se pode fazer, ao menos se pode *ressentir*, inesgotavelmente. Sem dúvida, os brilhantes advogados da prescrição chamarão esse nosso ressentimento [de] nossa incapacidade de liquidar o passado [...] O sentimento que experimentamos não se chama rancor, e sim horror [...] O ressentimento pode ser o sentimento renovado e intensamente vivido da coisa inexpiável; protesto contra uma anistia moral que não é mais do que uma vergonhosa amnésia.[11]

---

10. Paris: Seuil, 1986.
11. *Ibidem*.

O NOVO PRECEITO: "NÃO ESQUECERÁS"

Jankélévitch expressa à perfeição a paisagem moral do século XX, no qual a ontologia da dívida não prescreveu, mas sua cobrança se fez impossível. Supõe então que o perdão não possa ser outorgado, nem pelas vítimas nem por ninguém em seu lugar. A dívida permanecerá incobrável pelos séculos, como uma garra que aponta para o próprio coração da humanidade, que não pode se perdoar tampouco anistiar-se.

Jaspers, a quem já citamos, em seu ensaio escrito em 1945,[12] fazia duas enormes afirmações: é absurdo inculpar por um crime um povo inteiro, que já vimos; e a outra, é também absurdo acusar moralmente todo um povo. As atrocidades têm nome e assinatura do autor, pois, como bom hegeliano, Jaspers compartilha a ideia de que "só o individual age". Por consequência, o conceito que está sendo cunhado contemporaneamente, o de crime de guerra (e que permite a celebração dos processos de Nuremberg), será ampliado: o "crime contra a humanidade" aparecerá uma vez que se tenha feito precisamente a Declaração Universal dos Direitos do Homem, de 1948.

Todavia, um Estado, assim como sucedia com um povo, dificilmente pode ser acusado nesses termos. Pode sê-lo um governo, um governante; a dinâmica de imputabilidade jurídica que se inaugura depois da Segunda Guerra Mundial intenta restringir o uso moralista desses tipos de acusação. A ontologia da dívida pretende tornar-se precisa e sair do nevoeiro da imputação generalista e da desculpa generalista. Existe, contudo, um elemento de generalidade em qualquer processo: desenvolve-se em escala mundial. Esta é a característica dos perdões dos tempos contemporâneos, sobre a qual Derrida pretende incidir. De fato,

---
12. *El problema de la culpa*, Barcelona: Paidós, 1998.

91

ele vincula os atuais processos jurídicos de *crimes contra a humanidade*, embora sejam tentativas, aos movimentos continuados de perdão e de reconciliação presentes em tantas partes do mundo atual: África do Sul, América do Sul, Europa do Leste, Ásia. Considera-os um aspecto peculiaríssimo do processo de globalização.

Em ¡*Palabra!*,[13] livro que apresenta uma série de entrevistas que se supõe terem sido revisadas e autorizadas pelo autor, Derrida afirma: "É preciso ter em conta o seguinte fato geopolítico: hoje em dia, as cenas de perdão se multiplicam sobre a superfície da terra".[14] Atribui diretamente esse estado de coisas ao peso da tradição cristã, ou judeo-cristã-islâmica no próprio processo de mundialização.[15] Supõe que a ideia de perdão tem uma gênese e ainda um contexto religioso, heterogêneo ao direito penal, com o que mostra não conhecer demasiado bem o próprio contexto religioso, ou não possuir categorias históricas adequadas para interpretá-lo. Mas, deixando isso de lado, o significativo é que afirma que essa tradição está em vias de mundialização:

> Em todas as cenas de arrependimento, de confissão, de perdão ou de escusas que proliferam na cena geopolítica desde a última guerra, e ainda com mais celeridade há alguns anos, vemos que quem pede perdão não são apenas uns quantos indivíduos, mas comunidades inteiras, corporações profissionais, representantes de hierarquias religiosas, soberanos e chefes de Estado. Fazem-no com a linguagem abraâmica, que não é a

---

13. Madri: Trotta, 2001.
14. *Ibidem*, p. 94.
15. Em suas primeiras intervenções, tendia a considerá-la exclusivamente cristã, mas nas últimas a considera abraâmica e a atribui indistintamente às três religiões do "Livro"; o assunto tem sua importância, mas não é o momento de tratá-lo. Em todo caso, Derrida manifesta que introduzir o perdão como o fez, por exemplo, o bispo Tutu, na África do Sul, desencadeou a acusação de "cristianizar o processo de anistia" (*op. cit.*, p. 93). (N. A.)

da religião predominante de sua sociedade (caso, por exemplo, do Japão e da Coreia), mas que já se converteu, por isso mesmo, no idioma universal do direito, da política, da economia ou da diplomacia; é, ao mesmo tempo, agente e sintoma dessa internacionalização.[16]

Poder-se-ia dizer que há um diálogo paralelo à globalização. Esse diálogo tem vários temas, e o perdão — o que significa e suas possibilidades — é um deles. Não é preciso ser aderente da existência empírica de uma comunidade ideal de diálogo para apreciar que existem diálogos morais que possuem curso planetário.[17]

Os crimes contra a humanidade

Esse conceito não pertence, como Derrida parece acreditar, aos julgamentos de Nuremberg, sendo-lhes posterior. Supõe a existência, como já se disse, da Declaração de 1948. Além disso, é difícil prepará-lo a partir do positivismo jurídico, ou ao menos o era antes da criação do Tribunal Penal Internacional, há pouco tempo, que ainda não começou a caminhar com firmeza. Em todo caso, Derrida supõe que esse conceito de *crimes contra a humanidade* é um "sucesso performativo de uma envergadura ainda difícil de ser interpretada".[18] E supõe também que "essa espécie de mutação estruturou o espaço teatral em que se representa, sinceramente ou

---

16. "El perdón", em *Letra Internacional*, 2000, nº 67.
17. É a tese mais forte mantida por A. Etzioni em sua já citada *La nueva regla de oro*. "As sociedades, inclusive as que contam com centenas de milhões de habitantes, se envolvem em diálogos morais que conduzem a modificações de valores amplamente compartilhados" (p. 135). E, com certeza, isso não é mero produto das novas condições técnicas de comunicação, porque já aconteceu no Mediterrâneo antigo. (N. A.)
18. *¡Palabra!, op. cit.*

não, o grande perdão". O tempo presente "tem os traços [...] de uma grande convulsão. Eis aí uma humanidade sacudida por um movimento que se diria unânime, um gênero humano que pretenderia se acusar repentina, pública e espetacularmente de todos os crimes cometidos por ela contra si mesma". Esse conceito é "o horizonte de toda a geopolítica do perdão"; supõe sacralizar a humanidade e "a mundialização do perdão recorda um imenso cenário de confissão, uma convulsão-conversão-confissão virtualmente cristã, um processo de cristianização que não tem necessidade da Igreja cristã".[19]

Ademais, Derrida distingue entre essa grande cena de perdão e as sucessivas anistias que diversos Estados nacionais concederam nos últimos cinquenta anos. Afirma que, embora tais anistias sejam amiúde consideradas perdões, sua lógica se desenvolve num contexto político, ao passo que a atual geopolítica do perdão se inscreve para além dele. Além disso, repisa: "Creio, em qualquer caso, na heterogeneidade absoluta entre o movimento ou a experiência do perdão e tudo o que, com demasiada frequência, a ele se associa, quer dizer, a prescrição, a absolvição, a anistia".[20] Em outro lugar do mesmo texto, reforça: "O perdão é heterogêneo ao direito".[21]

Segundo Derrida, abusa-se da palavra "perdão" quando a fazemos intervir em todo conjunto de cálculos e de negociações cuja finalidade seja estabelecer ou restabelecer uma normalidade, uma "reconciliação nacional". Por mais nobre ou espiritual que seja a finalidade buscada pelo perdão — redenção, reconciliação, salvação ou ainda as normalidades social, nacional, política ou

---
19. *Ibidem.*
20. *Ibidem*, p. 99.
21. *Ibidem*, p. 101.

psicológica —, a anistia é um perdão impuro.²² Derrida estima que qualquer cálculo de utilidade leva a um *perdão impuro*, um gênero de "imperativo hipotético". Faz-se algo, por bom que seja, para se conseguir outra coisa. "O perdão puro e incondicional, para ter um sentido adequado, não pode conter nenhum sentido, qualquer finalidade e, inclusive, qualquer inteligibilidade." E conclui com essa comparação: "Como é sempre o caso, o princípio transcendental de um sistema não pertence ao sistema. É-lhe estranho, como uma exceção".²³ O conceito "perdão impuro" que Derrida usa pertence a Jankélévitch, que assim chamava o perdão que busca algo, ainda que seja apenas o arrependimento do criminoso, a reconciliação com ele, atraí-lo para o mundo dos bons ou das vítimas.

Por "perdão puro", Derrida entende, então, o que entendia igualmente Jankélévitch, um perdão incondicional, um perdão que não dependa do contexto ontológico da dívida nem tampouco, como é o caso do perdão cristão, de uma estrutura providente que o ponha em exercício. Está pedindo um cancelamento, e observe-se que de novo a palavra remete à dívida, um cancelamento que resulta impossível no sistema, mas que supõe ser *condição do próprio sistema*. Evidentemente, é uma forma metafórica de falar, mas tem seu peso.²⁴

---

22. Escreve Jankélévitch: "Se o perdão desencadeasse, por mecanismo infalível, a redenção do culpado [...] não haveria perdão [...] A escatologia filantrópica dos libertários, como se sabe, põe toda a sua esperança no contágio revolucionário de uma absolvição geral: queimar todos os expedientes, anistiar todos os velhacos, tirar da cadeia todos os gângsteres, abraçar todos os senhores torturadores, conferir títulos *honoris causa* a todos os metafísicos da Gestapo [...] transformar todos os palácios de justiça em cinemas e as prisões em pistas de patinagem [...] e isso nos devolveria a idade de ouro" (*El perdón, op. cit.*, p. 150). Evidentemente, isso não pode ser. O impuro é a própria promessa de salvação. (N. A.)
23. "Le siècle et le pardon", *Le Monde des Débats*, dezembro de 1999, p. 8.
24. Talvez não haja perdões puros, como tampouco existem "dons puros", sendo uns e outros práticas e não objetos isolados, práticas indistinguíveis dos próprios vínculos sociais que criam ou mantêm. Nisso, as ideias que Godbout mantém sobre o dom me parecem extrapoláveis (Godbout, *O espírito da dádiva, op. cit.*). (N. A.)

Se assim existisse, o perdão haveria de ser incondicional, categórico; os perdões concretos têm causas e fins e são, portanto, hipotéticos. Então Derrida reduz todo o assunto a um decalque kantiano, bem conhecido, acreditando dar assim uma estrutura que o libere da explicação histórica. O uso de conceitos kantianos tem essa vantagem, mas também essa debilidade.

Como se vê, Derrida acompanha Jankélévitch, a quem procurou corrigir, embora leve o assunto a uma abstração maior que, em absoluto, não melhora. Jankélévitch, depois de assegurar que "o perdão morreu nos campos da morte", pretende que o perdão é um salto no vazio, que só se pode perdoar o imperdoável e que, portanto, se está diante de uma aporia. O perdão inaugura uma "ética hiperbólica", que se coloca para além da ética. Ainda que Derrida diga não aceitar a solução de Jankélévitch, que só se pode perdoar aquilo que não se pode castigar, ele, com seu conceito de "perdão puro", inventa um transcendental desnecessário.

Em verdade, Derrida possui um contexto e este se refere, dada a filogenia cristã do assunto, ao processo de formação de uma ética global cujos alcances políticos ainda estão em trâmite. A esse mesmo processo se refere o livro do teólogo cristão Hans Küng, *Proyecto de una ética mundial*, posteriormente complementado por *Una ética mundial para la economia y la política*[25]. Em ambos, e num terceiro escrito em parceria com Karl Josef Kuschel,[26] se destaca a mesma ideia: existe uma ética mundial em formação, e cada uma das religiões deveria trazer-lhe seus recursos. As religiões devem compatibilizar suas distintas mensagens

---

25. Respectivamente, Madri: Trotta, 1991 e Madri: Trotta, 1999.
26. *Hacia una ética mundial: declaración del parlamento de las religiones del mundo*, Madri: Trotta, 1994.

morais e evitar fanatismos. As religiões são poderosas,[27] com capacidades tanto destrutivas quanto construtivas. Convém que contribuam no aspecto construtivo-positivo, atuando em favor da paz, da justiça social, da não violência, do amor ao próximo. "Podem propagar e ativar atitudes fundamentais, como o pacifismo, a exclusão da força e a tolerância."[28] As religiões, imaginam Küng e seu grupo, sem renunciar às suas diferenças, deveriam estabelecer em comum seus mandados morais quando estes são homogêneos. E, posto que o ambiente dos mandados é muito similar em todas elas, supõem que as religiões poderiam fazê-lo sem grandes perdas. Oxalá que assim seja, cabe dizer, ainda que seja difícil de acreditar. É certo que os mandados morais primários de muitas religiões coincidem: não matar, não roubar, não levantar falso testemunho. Mas há que se levar em conta também que são aplicáveis dentro do grupo de fiéis. E, ao lado dessa fronteira, que não é pouca coisa, existem os mandados a respeito do sexo, que são divergentes, e ainda outros, os de pureza, que também separam os grupos e proíbem a exogamia.

As religiões são aliadas difíceis. Diz-se que são fundadas por Deus, mas o diabo é quem as carrega. Fazer as pazes entre elas só foi possível quando o Estado as obrigou a não se atacarem mutuamente, e isso significou que o Estado se fez superior como instância de autoridade. Onde isso não ocorreu, os Estados são confessionais e as religiões têm com eles uma aliança nefanda de autoritarismo.

---

27. "A pergunta está mais do que justificada: é tudo o que podem as religiões? Pelo que respeita ao negativo, à sua capacidade destrutiva, parece inegável que dispuseram e ainda dispõem de um potencial imenso. Demasiadas são as lutas, os conflitos sangrentos e as guerras de religião, e demasiados também os conflitos econômico-político-militares em parte por elas iniciados ou que delas receberam sua identidade e, inclusive, [...] sua legitimação" (*Proyecto de una ética mundial, op. cit.*, p. 96). (N. A.)
28. *Ibidem*, p. 97.

Se pudessem, então, fazer as pazes entre si, seria sem dúvida uma novidade histórica tremenda. Não sei se todas estão suficientemente debilitadas em suas violências interna e externa para chegar a um trato semelhante. Além do que, algumas não romperam com uma parte essencial do fundamento do grupo, a noção de puro e de impuro.[29] Essa disposição das religiões que as levam a se apresentar como cofundadoras de uma ética mundial, por elas definida como ética mínima, encontra seus conteúdos, porém, de novo na Declaração de 1948, posto que as superposições de conteúdos morais religiosos de tradições demasiado distintas não proporcionam outra coisa senão moldes demasiado gerais de ação.[30] E por isso seu conteúdo converte essa Declaração, nas palavras de Victoria Camps, em "novas tábuas da Lei". De seu uso deriva o conceito de "crimes contra a humanidade"; que esse conceito reúna o que antes se considerava, muitas vezes, como desditas inerentes à natureza humana e, pelo menos, como casos inevitáveis contra os quais não valia a pena rebelar-se.[31] No mesmo mundo em que a ontologia da dívida era prevalente, produziu-se a modificação que nos denominou, a toda a humanidade, filhos de Caim. As consequências do pecado original, da culpa originária, fora a do fratricídio ou a da desobediência às leis divinas, foram o trabalho, a dor e a morte, às quais se acrescentou, para as mulheres, a dominação masculina, agonia que se costuma colocar entre as maldições pela saída do Paraíso. De qualquer

---

29. A "impureza" conseguiu relevo no século xx, mas com uma face terrível, a racial. Glosou-a também Jankélévitch em seu ensaio *Le pur et l'impur*, Paris: Flammarion, 1960, em que ridiculariza qualquer pretensão de pureza que se apresente em cena. Também no ensaio cunhou a expressão "fobia da alteridade". (N. A.)
30. Como os compilados por Küng-Kuschel em *Hacia una ética mundial*, op. cit., pp. 66-7.
31. A. Valcárcel, *Ética para un mundo global*, Madri: Temas de Hoy, 2002, p. 49 ss.

modo, a humanidade permanecia eternamente pecaminosa. E a ideia rousseauniana — não a da bondade inata, e sim a da ausência inata de maldade — nunca teve defensores entre os clérigos, mais partidários do pessimismo antropológico. Mas, enfim, podemos agora conservar o pessimismo, sem ter que fazê--lo com sua explicação religiosa. O que surge então é um mundo em que essa explicação também recai sobre o mundo moral, como previamente recaíra sobre a explicação do mundo físico. Nem o universo foi criado em seis dias nem as religiões são as depositárias da lei moral cuja origem é divina. Todo o assunto é bem mais terrestre.

Berlin, grande estudioso dessas aporias de fundamentação ético-política, em sua magistral obra *El fuste torcido de la humanidad*, procura entender esse mundo que habitamos e indaga sobre as ideias que lhe deram forma. Segundo ele, a ideia que o comoveu é que nem todos os valores supremos que a humanidade persegue são compatíveis entre si.[32] Cada noção foi gestada em sua cultura de origem e ultrapassou seu marco. Todas são humanas, ainda que distintas e, às vezes, incompatíveis. E a ontologia da dívida permeou todas. Por que o fez, esse é outro assunto. Projetou-se sobre a crença da humanidade decaída[33] e sobrevive sem ela, até que se abra o mundo do grande perdão. Mas esse mundo se manifesta em razão de já não podermos acreditar na compensação. Por isso os perdões devem se tornar incondicionais.

É isso que Derrida consideraria uma nova aliança? É muito cedo para afirmá-lo. Mas, se há uma Nova Aliança, a cerimônia do perdão universal, o grande perdão fundador, deveria

---
32. Barcelona: Península, 1992, p. 27.
33. Esplêndidas, por certo, são as páginas dedicadas a De Maistre e à sua feroz determinação de que as explicações da ação humana não existem (I. Berlin, *op. cit.*, pp. 158-9).

desenvolver-se. Motivos não faltam, dada a prodigalidade da violência que o século passado demonstrou. Mas, precisamente porque a conhecemos, nos encontraremos pasmados com o imprescritível. E isso nos leva a abrir novamente outro aspecto da questão — o das condições do perdão neste novo mundo.

VII

ARREPENDIMENTO E PERDÃO

Primeiramente, detenhamos a atenção sobre a relação peculiar do perdão com a ofensa, não mediada pela ontologia da dívida, e sim pelo arrependimento. Não sei se por culpa de nosso tridentino[1] teatro barroco, ou pelo *Don Juan Tenorio*, de Zorrilla, na cultura espanhola corre a ideia de que o arrependimento é causa suficiente e necessária do perdão. E tanto é corrente que inclusive uma mente lúcida como a de Ferlosio dava o assunto por terminado em seu artigo, desencadeador dessa pergunta. No novo mundo, bastaria arrepender-se? Deixemos de lado a má fama que o arrependimento tem desde Spinoza. É um outro tema e complicaria mais as coisas trazê-lo à colação.[2] Suponhamos que o arrependimento seja algo admissível,

---

1. A autora está se referindo, obviamente, ao Concílio de Trento (1545-63) e às consequências que o conclave teve para as vidas religiosa e política não só da Europa, como do mundo cristão. (N. T.)
2. De uma parte, o arrependimento, segundo Spinoza, "é uma tristeza que acompanha a ideia de uma coisa que acreditamos feita por um livre decreto da mente" (*Pœnitentia est tristitia concomitante idea alicujus facti quod nos ex libero mentis decreto fecisse credi-*

sem cair nos insultos de Schopenhauer nem de Nietzsche, que caminham, no fim das contas, pela trilha spinozista. Que seja este o caso: temos um mal e quem o cometeu está arrependido, sem se julgar se tal arrependimento é miserável. Vamos dar por correto o arrependimento.

Pois bem, caso se lhe conceda crédito, o arrependimento pode ser causa necessária do perdão, mas parece claro não ser causa suficiente. Para se conceder o perdão há que se supor o arrependimento do mal cometido ou a ignorância de que era um mal. Ou, em extremo, como ironizava Jankélévitch, o arrependimento se produzirá no futuro. Em todo caso, parece ser concomitante e necessário para o perdão. Não o era durante a vigência do objetivismo moral, pois do arrependimento não se segue o perdão; é, mais exatamente, o tremor e o temor daquele que sabe que será castigado. Mas, se o castigo se detém no alto e não deixa cair sua espada, ao menos seria de desejar que o culpado estivesse sinceramente arrependido do dano causado. Mas continuaria sendo certo que, do fato do mero e exclusivo arrependimento, não se segue o perdão de maneira necessária.

O arrependimento não vale pela expiação[3] nem sequer no

---

mus, Ética, parte III, XXVII, tradução de Newton Cunha, Obras Completas de Spinoza, São Paulo: Perspectiva, no prelo). Aprendemos, pois, afirma o filósofo, que "a moral e a religião não são as mesmas para todos, e sim que, ao contrário, o que é sagrado para uns é profano para outros". Por outra parte, escreve na proposição LIV da parte quarta: "O arrependimento não é uma virtude, quer dizer, não se origina da razão; mas quem se arrepende do que fez é duas vezes miserável ou impotente" (*Pœnitentia virtus non est sive ex ratione non oriutur sed is quem facti poenit, bis miser seu impotens est*, mesma tradução mencionada). Todavia, também escreve que é bom para domar os homens, a maior parte dos quais não se guia pela razão. Por meio das afecções de humildade, de arrependimento, de esperança e de medo se pode conduzir as pessoas para que elas vivam, a seu modo, sob a razão. Esse *topos*, que, sem variar o julgamento, passou a ser muito mais forte em Schopenhauer e em Nietzsche, está presente em toda a filosofia moral que lhe é herdeira. (N. A.)

3. Como Ferlosio supunha, esquecendo o castigo e as expiações. Ademais, afirmava a existência do perdão unilateral nos homens, dos que dizia serem "melhores do que seus

contexto cristão, pois não cabe olvidar as muitas tabelas de permuta, comutativas, que serviram às peregrinações, às indulgências e inclusive aos cálculos pormenorizados de purgatórios que tiveram grande papel na economia moral religiosa.[4] Em qualquer caso, fora de uma estrutura providente, perdoar a quem não se mostra arrependido é complicado. Falando seriamente, perdoar é bastante difícil, inclusive a quem pede perdão, coisa que tampouco se costuma fazer amiúde. Não digo perdoar, mas pedir perdão. Pedido o perdão, o perdão pode ser dado, mas sempre em troca de um penhor, se, de novo, falamos sério. Não basta pronunciar a sentença executiva *te perdoo*. Os penhores do perdão pertencem a várias classes: sinais, objetos, gestos ou atitudes. E tampouco é inverossímil que quem perdoa se possa esquecer, mas, nesse caso, de que havia perdoado. Se a ferida não se fecha sem deixar rastros, o que poucas vezes ocorre, sempre pode ser reaberta. Quem perdoa necessita, de um modo básico, do arrependimento de quem o haja ofendido. Um arrependimento reiterado, por assim dizer. E acontecem várias coisas que podem reabrir a situação e esquecer o pesado dever do arrependimento. De alguma forma, o que espera o ofendido e o que o ofensor é capaz de fazer pedem tempos distintos.[5]

---

deuses". Isso de pensar em homens melhores do que deuses tem graça, ainda que não seja correto. A primeira afirmação, a de que do arrependimento se segue o perdão, e nada mais se pede, vem da pressa ou de alguma causa de origem parecida. Da segunda, de que o perdão unilateral existe, quer dizer, que não entra na estratégia providente da vingança, eu gostaria de ter algum exemplo real ou fictício. Quanto ao mais, o texto de Ferlosio é esplêndido e o perdão não é seu assunto principal, sendo tocado lateralmente, num par de parágrafos. (N. A.)

4. J. Delumeau, *La confesión y el perdón*, Madri: Alianza, 1998.
5. Disso se queixa amargamente Jankélévitch em *Pardonner?*. As pessoas já não querem ouvir os nomes malditos de Auschwitz. Vinte anos depois, quando escreve o texto, afirma que o esquecimento está acabando com o arrependimento. Vinte anos parece ser o prazo. O que permanece é um remorso impossível, que inclusive poderia ser lançado contra as vítimas na forma de antissionismo (*L'imprescritible, op. cit.*, p. 17 ss.). (N. A.)

Contrição

Por outro lado, quem, por alguma razão, recebeu uma pena costuma ter pouco interesse em cumpri-la. É mais esperado que, de início, buscará negar a autoria, depois a intenção e, chegando-se ao caso do reconhecimento, afirmará estar arrependido. Um juiz justo responderá que, tendo em vista o que se aproxima, não é de se estranhar. Daí existir uma diferença entre estar arrependido e estar contrito.[6] Suponho que exista uma bem fundada diferença entre arrepender-se em geral e arrepender-se do mal realizado. No arrepender-se parece sempre existir o que Spinoza denunciou: uma certa escassez de valentia lançada ao passado, a partir da desgraça presente: "Não deveria ter feito tal coisa, agi mal". O julgamento que merece a coisa feita, portanto, mudou no tocante à pena padecida. Isso parece então indicar que o sujeito, por exigência dos afetos tristes, queria não ter sido quem foi. E disso, spinozianamente, nunca se pode dizer que seja uma boa maneira de estar no mundo.

São tais tristezas os efeitos do castigo, suas marcas anímicas, em quem os padeceu; e isso independentemente do ato que provocou tal punição ter sido digno ou indigno. Podemos chegar ao arrependimento de ter agido bem, se disso se seguem males. O arrependimento, assim, pouco prova.

Por tal indiferenciação, o arrependimento como efeito da debilidade é suspeito. Todavia, se imaginássemos o caso de alguém arrepender-se de algo do qual não se seguiu nenhum mal, estaríamos diante de um arrependimento "puro". A suspeita que os clássicos tiveram, e que quase compartilhamos, é que tais arrependimentos não existem, e que as pessoas tendem a ser humildes na

---

6. E, sem dúvida, existe, embora não seja este o momento de desenvolvê-la. Mas remeto- -me à obra de Delumeau, *La confesión y el perdón, op. cit.*, em especial ao capítulo quarto, "Los motivos de arrepentimiento", p. 45 ss. (N. A.)

desdita e cínicas na bonança. Que, portanto, o cancelamento de qualquer mal exige, ao menos, um pressentimento e uma ameaça de infortúnio.

O mal é que algumas pessoas são pouco supersticiosas. Os cínicos morais, por exemplo (embora alguns leiam os horóscopos com grande interesse), são também céticos morais e metafísicos. Mas não só eles são o problema, como já se vem dizendo, e sim que, se havia alguma coisa com que a pós-modernidade atinava, era em seu diagnóstico da quebra da estrutura providente como *forma mundi*. Alguns já não estão *atritos*; assim, não cabe sequer imaginar que estejam *contritos*.

As condições atuais apresentam a quebra da estrutura providente que legitimou o perdão no passado. Isso sucede inclusive para os que conservam crenças religiosas. Os teólogos contemporâneos desdenham crer nas penas do Inferno e os crentes têm pouca confiança em sua existência. Desse modo, ficamos liberados para cancelar o mal por nossas próprias forças. E entrar num verdadeiro paradoxo: *se castigarmos, o mal ficará pago, limpo, e poderá se apresentar de novo; se perdoarmos sem condições, o mal sorrirá cinicamente por ser patentemente inatacado, inatingível ao desalento; se o esquecermos, renascerá; se o recordarmos em demasia, se tornará trivial*. Em que classe de mundo nos introduz o perdão?

Basta pedi-lo?

Um dos obstáculos que Jankélévitch destaca precisamente para considerar o perdão da Alemanha nazista é que "não pediram esse perdão"; de onde se infere que não está claro seu arrependimento. Isto é, quem se arrepende, pelo fato de manifestá-lo, admite sua culpa. Se o que aconteceu, na qualidade de crime contra a humanidade, se demonstra imprescritível, então o perdão lhe pode ser concedido, justamente em razão de que o realizado não possui, por sua magnitude, um castigo condigno.

A mesma posição é a adotada por Hannah Arendt, que afirma que "os homens são incapazes de perdoar o que não podem castigar e são incapazes de castigar o que se revela imperdoável". Ela também escreve: "O descobridor do papel do perdão na esfera dos assuntos humanos foi Jesus de Nazaré. O fato de que fizera esse descobrimento num contexto religioso não é razão para tomá-lo com menos seriedade num sentido estritamente secular".[7]

Na opinião de Arendt, Jesus passou do rabínico "só Deus perdoa" para uma inovação radical: *se entre nós nos perdoamos, então Deus nos perdoa*. Perdoar é um atributo humano. Portanto, o arrependimento exige, na nova aliança, seu preço: quem se arrepende deve ser perdoado. O perdão é necessário para que a vida prossiga. Mas, "em contraste com a vingança, que é a reação natural e automática à transgressão e que, devido à irreversibilidade do processo da ação, pode-se esperar e inclusive calcular-se, o ato de perdoar não pode ser predito".[8] O perdão rompe o processo automático da ação, liberada de tal automatismo, que pode prosseguir. O castigo ou o perdão são as duas maneiras pelas quais uma ação se dá por cancelada. O perdão é um assunto pessoal, ainda que não individual nem privado. Mas não pertence à esfera pública.[9] Funciona dentro da lógica do amor, que Arendt declara ser a "mais forte das forças antipolíticas". O perdão já não é fundador nem vem do alto. É uma ação livre que, se for possível, se dará mediante um arrependimento, ou inclusive em sua ausência. Compromete e melhora quem o outorga e promove a paz daquele que, revisando o feito,

---

7. *La condición humana*, Barcelona: Seix Barral, 1974, p. 313.
8. *Ibidem*, p. 316.
9. *Ibidem*, p. 319.

não teme pelo castigo, pois este se mantém na esfera pública. Dá-se por si mesmo, por sua própria humanidade.

Se o perdão pertence à esfera privada, inclusive como parte íntima desta, então o mundo do amor, segundo Arendt, se tornaria verdade na frase de Hegel, contida na *Fenomenologia*: "As feridas da moral se curam sem deixar vestígios". A suspensão da propriedade comutativa do talionismo só seria possível ali onde a instância comum, o estado ou o caráter ético herdado, os costumes ou os mandados do grupo não representassem qualquer papel. Todos esses gêneros de estruturas normativas estariam necessariamente inscritos na ontologia da dívida e a ela associados e nunca a poderiam abandonar de todo. O perdão seria apenas um ato da parte íntima dos sujeitos. O castigo, ao contrário, ainda que não seja estritamente taliônico, há de continuar sendo comutação, comutação abstrata, segundo nos ensinaram a pensar Beccaria e Kant, mas comutativo, afinal. Não se comutarão olhos por olhos nem vidas por vidas, ou membros por membros, mas usaremos tabelas de equivalência mais abstratas que permitam trocar cada uma das vulnerações por um equivalente em perda, seja por liberdade ou bens, pois por essas coisas se comutam todos os males possíveis. Mas continuaremos a trocar e a comutar. O perdão não pode ser instalado no mundo da lei. Quando ameaçarmos, isso será feito com as equivalências do mal, não com o perdoar.

"Trocarei contigo o que me faças por algo equivalente." Ameaçaremos com a permuta. Assim recordava Edgar Morin a Derrida. Respondeu à "teoria pura do perdão" muito rapidamente.[10] Pois a achava especialmente carente de contexto e de

---

10. "Perdoar é resistir à crueldade do mundo", em *Letra Internacional*, 2000, nº 68. Notavelmente, Morin também se encontra fora do contexto cristão, do perdão dos fracos e perseguidos. (N. A.)

referências sociais e históricas. E, embora melhore pouco o que denuncia (limita-se a certas vaguidades, saltando continuamente do presente ao passado), sua crítica incisiva, a verdadeira, dirige-se à possibilidade de prescindir de castigo: "Só podemos ser magnânimos quando somos vencedores. Em qualquer caso, quem cometeu dano ou crime deve achar-se já numa situação em que não possa voltar a cometê-los [...] Pois não tem sentido perdoar a um bando que cometeu crimes e é provável que continue a cometê-los".[11]

Morin se situa no contexto da retribuição, que não nega, e simplesmente advoga pela clemência do vencedor.

Pelo contrário, o perdão cristão é o perdão dos fracos, daqueles que, no máximo, põem sua vingança em mãos providentes. Nem sequer necessitariam do arrependimento do ofensor ou do perseguidor. Perdoando, puseram-se acima das injustiças. Esse é o perdão do Gólgota. As exigências cotidianas só pedem que seu próximo haja pedido desculpas e, nesse caso, perdoar é quase inevitável. Não desconhecemos que o perdão possa ser benéfico para quem o outorga. Inclusive de um ponto de vista psicológico.[12] Nesse campo, sabe-se que é quase sempre benéfico. A pessoa se livra da amargura. Esses perdões são mais habituais entre os que se conhecem muito ou convivem bem. Todavia, e pela própria natureza dessas relações, os perdões estão ali dentro, ou costumam ser não explícitos. Buscam restaurar a relação, embora possam ser concedidos sem que se queira restaurá-la adiante. Mas tais perdões são sempre favorecidos por desculpas prévias. Existe inclusive o efeito

---

11. *Ibidem*, p. 35.
12. O cancelamento da dívida entre pessoas pode se fazer por muitas vias. Há vias cognitivas e afetivas. O perdão amplia a saúde mental, como também o faz o arrependimento. Ver "Expressing Forgiveness and Repentance: Benefits and Barriers", em Mc Cullough, Pargament & Thorensen, *Forgiveness, Theory, Research and Practice*, Londres/Nova York: Guilford Press, 2000, p. 133 ss. (N. A.)

de "oferecer a outra face", quero dizer, perdoar para que o ofensor se arrependa e possa ser provado em situações experimentais.[13]

O perdão do Gólgota é completamente diferente. A vítima perdoa e se coloca acima do ofensor. É magnânima ou clemente como a própria divindade. Não toma a coisa como sendo própria. Nega que em si tenha calado o mal a ela feito. Ao perdoar, afirma que esse mal não a tocou, que paira acima dele e de quem o tenha cometido.

Uma volta do parafuso hegeliana

Para voltar a Hegel, no reino do amor o arrependimento será suficiente, mas nunca na esfera do justo, presidida pelo temor. O reino religioso, ao menos no primeiro cristianismo, segundo Hegel o descreveu, é um reino de amor, ainda que condenado ao fracasso. Quando se converte em religião imperial, há de fazer seus ajustes com uma comunidade, a humana, presidida pela justiça, e assim o "reino do amor" se conclui.[14]

Eugenio Trías pretende, em sua tese de doutorado,[15] que na filosofia de Hegel permaneceram para sempre os traços do perdão ou, como ele o expressa, que "a filosofia só pode ser, de Hegel em diante, incluindo-se hoje, filosofia do pós-guerra".[16] Interpreta desse modo tanto a figura da servidão, o cancelamento que opera entre amo e senhor, como também o conceito frequente de

---

13. Os estudos correspondentes são citados em "Expressing Forgiveness...", op. cit., p. 137. (N. A.)
14. El espíritu del cristianismo y su destino, compilado por Herman Nohl, em 1907, sob o título de Hegels Theologische Jugendschriten, também responsável pelo título, pois abarca diferentes escritos da juventude do filósofo. Versão castelhana, Buenos Aires: Juárez, 1971. (N. A. e T.)
15. El lenguaje del perdón, Barcelona: Anagrama, 1981.
16. Ibidem, p. 195.

reconciliação. Permito-me interpretar o que Trías parece querer dizer: que, igualados todos sob o domínio da morte, acabamos todos perdoando. E, assim, o espírito se eleva ao seu destino. Porém, a reconciliação não se dá entre dois sujeitos, e sim entre o pensamento e o mundo.

E se de novo seguimos Hegel, perdoamos quando, filosoficamente, compreendemos; e compreendemos porque sabemos quanto magma de dor ferve sob nossa fase atual reconciliada. O pensamento se reconcilia com o ser, que assim se torna ser pensado, reconciliado, pensamento... sempre após o transcorrido.

No entanto, Hegel não faz tais julgamentos do presente. A história universal é o único tribunal do mundo e, sem dúvida, porque é providente, ou assim devemos pensar, substituiu a Providência. Mas porque nela (lembrando novamente a sentença sapiencial de Anaximandro) "todas as coisas se pagam entre si sua injustiça, segundo a ordem do tempo". Cada um de nós, ou cada corpo social, ou cada Estado, não vive nesse mundo reconciliado a não ser por meio de suas fases reflexivas. O vivo, pelo contrário, atua e, caso possa, vinga-se; ou exige seu talião por meio do direito. A contemplação reconciliante do mundo só está permitida numa esfera: somente ali onde não há direito, e entre as nações e os povos não há — e na opinião de Hegel não se pode chegar a tê-lo —, deve-se, inteligentemente, tentar compreender, e nada mais. O mundo da história não é o da eticidade nem o da moralidade. Portanto, não perdoa. Unicamente compreende e cancela.

Perdoamos na moral, castigamos no mundo objetivo do direito, compreendemos no mundo reflexivo da contemplação da história. Esse poderia ser o resumo. Mas, e os perdões fundadores? Jankélévitch ou Derrida não falavam precisamente para a história? Ambos levantaram a voz por vítimas que eram da história, da violência mútua que não quer admitir que o mundo e a humanidade são uma coisa só. Não perguntavam apenas pelos mortos, mas também pelas nações. O sangue derramado no século XX clama perante quem, senão diante da própria ideia de humanidade? Se a humanidade confessa sua culpa, enorme, quem a perdoa? Se se arrepende, quem a conforta? É um todo demasiado grande e indiferenciado. Não valeria mais seguir fazendo justiça, comutações e deixar o perdão para outros casos? Como afirmava o mesmo Derrida, a maior parte das vítimas da violência, por exemplo na África, nem sequer queria a justiça ou o castigo dos assassinos. Queria apenas encontrar os seus e dar-lhes uma sepultura digna, com os ritos adequados. Não será o perdão uma palavra demasiado extensa e, em verdade, o que se manifesta é o cansaço que o mal produz? "Vai-te e não peques mais." Deixa-me e deixa-o. Já foi o suficiente. Nem sequer queremos a memória; queremos apenas a paz de nossa herança de tragédia. Levar os ossos a lugares puros e fazer nossa pequenina paz, digna e silenciosamente.

Cansaço e perdão

Lembro novamente a frase de Hegel: "As feridas da moral se curam sem deixar vestígios". A moral é subjetividade, e o perdão da moral é completo. As instâncias objetivas, supraindividuais, como o direito ou o Estado, não possuem esse dom. Sua memória é de outra índole. Sua vigência depende de que cumpram e façam cumprir. Para o sujeito, isso pode resultar muito oneroso. Seus próprios males são muito pesados, e os gerais, longínquos ou insuportáveis, na dependência de seu talante ou interesse. O pesar, que assim se chama o efeito que o mal produz, inclusive acompanhado pela cólera, se dissipa com o tempo. Sem chegar a subscrever a afirmação de Hegel, a de que não há sentimento apaixonado que dure mais de três dias, podemos concordar com o fato de que ele esfria pouco a pouco até se apagar. No entanto, deixa, ao se ir consumindo, uma espécie de cinzas melancólicas. Às quais Kant denominou *misantropia*. Existe um sentimento sublime da humanidade com respeito ao mal: o que os seres humanos fazem entre si, comparado com o que poderiam fazer, produz no ânimo uma tristeza *sublime*, relacionada à misantropia. Aquele que se afasta dos homens o faz para não odiá-los.[17] Assim, pois, a misantropia é uma espécie de perdão nem teleológico nem providente. Como sentimento, está próxima do pessimismo; porém, como interesse ou talante, possui um alcance mais genérico. A misantropia encarna uma espécie de liberalidade má para com as coisas que ocorrem e para com quem as produz. Parece dizer: "Desta defumação vos dispenso". Não contribui para a soma do mal, mas faz as contas oportunas, cujo resultado é um certo desapego a toda a humanidade. Perdoa os homens, esquecendo-se deles, porque não sabem o que fazem; ou, ainda que saibam, isso não serve para melhorá-los.

Essa misantropia sublime, que Kant assinala, é oposta ao próprio teísmo moral kantiano: cremos em Deus porque necessitamos que a justiça se cumpra.[18] "O conceito de Deus é um conceito pertencente originariamente não à física, quer dizer, à razão especulativa, mas à moral."[19] Deus, a liberdade e a imortalidade são as possibilidades da lei moral, de que nossa vontade se dirija para o bem, sem antropomorfismo nem heteronomia. "Aquele que age retamente

---

17. Kant, *Crítica del juício*, Buenos Aires: Losada, 1961, p. 119.
18. Para uma visão mais pormenorizada desse assunto, veja-se Gomez Caffarena, *El teísmo moral de Kant*, Madri: Cristiandad, 1983. Mesmo que o autor resista a utilizar os "postulados da razão prática", que são os mais claros e gerais. (N. A.)
19. Kant, *Crítica de la razón práctica*, Buenos Aires: Losada, 1961, p. 149.

pode dizer com perfeição: quero que haja um Deus, que minha existência [...] seja uma existência num mundo de puro entendimento e que, por último, minha duração seja infinita."²⁰ A lei moral deve ser algo e deve ser garantida: "Segundo a marcha natural no mundo, a felicidade, exatamente como o valor moral, não é algo que se espere e deve ser tida como impossível"; portanto, a razão prática *postula*:

> Na lei moral não há o menor motivo para uma coincidência necessária entre a moralidade e a felicidade [...] portanto, postula-se também a existência de uma causa da natureza que seja distinta de toda a natureza, causa que contenha o fundamento dessa relação, a saber, da exata coincidência da felicidade com a moralidade [...], ou seja, que é moralmente necessário supor a existência de Deus.²¹

A possibilidade da existência de um sujeito moral o faz sagrado. "A humanidade em nós deve ser sagrada para nós, porque o homem é sujeito da lei moral e, portanto, do sagrado em si."²²

Mas, infelizmente, a humanidade não se parece nem com sua possibilidade nem com o que deveria ser; daí o matiz presente na *Crítica do juízo*. O "reino dos fins", aquele dos seres morais autônomos que nunca se tratam como meios, pois nem sequer Deus pode fazê-lo, é uma medida tão elevada que a única coisa que nos cabe esperar é que, de modo infinitesimal, ela se vá cumprindo, numa assíntota por sua vez infinita no tempo. Por agora, sua falta de confluência produz aquela "misantropia sublime".

E há de existir um Deus que nos conheça individualmente, à perfeição, em nossos atos mínimos, motivos e intenções, e que retribua, numa vida eterna, o feito por cada um. Na *Crítica da razão*

---
20. *Ibidem*, p. 152.
21. *Ibidem*, p. 133.
22. *Ibidem*, p. 140.

prática, Kant não fala do perdão, a não ser que se interprete como alusão a ele a passagem do final, que reza:

> No caso em que só eu saiba que a desrazão está do meu lado, ainda que a livre confissão disso e o oferecimento de uma reparação tropecem com grande resistência na vaidade, no egoísmo e ainda no ressentimento — que por outro lado pode ser legítimo — contra aquele cujo direito eu lesei, posso, apesar disso, ir além de todas essas reservas, caso se encerrem uma consciência de ser independente dessas inclinações e circunstâncias fortuitas e a possibilidade de bastar-me a mim mesmo, consciência que sempre pode ser-me saudável em outro aspecto.[23]

Os postulados são "meras hipóteses necessárias [...] dizendo respeito ao sujeito para a observância de suas leis objetivas, mas práticas".[24] Kant individualizou o princípio comutativo geral que rege a ontologia da dívida. Que "Deus dará a cada um o que é seu" é agora uma segurança absoluta da razão prática para que esta possa edificar-se.

Mas essa garantia, que deixa a ontologia da dívida individualizada, mas incólume, já não existe. E não foi necessário o advento da pós-modernidade para pô-la em questão, pois Schopenhauer, por exemplo, ali mesmo a fez estremecer. A grande filosofia romântica abandonou a esperança em tais retribuições, o que contribuiu para acentuar seu pessimismo.

Confessando ante o vazio

Quando nas tragédias clássicas se produzia uma situação difícil de ser finalizada, um deus baixava oportunamente e, por meio

---

23. *Ibidem*, p. 169.
24. *Ibidem*, p. 15.

da máquina cênica, fazia a paz. Suas palavras deviam ser cumpridas porque eram divinas. Costumavam avisar de coisas como "com o tempo, o castigo floresce", ou ainda de acontecimentos futuros que poriam as coisas em seus lugares. Assim falam Hermes com Prometeu, ou Hércules com Filoctetes. Uma espécie de "protovidência" se adivinha em suas intervenções. Mas nós também não temos o tal *deus ex machina*. O mal permaneceu em nossos braços e seu peso nos acabrunha.

Como o expressa Delumeau:

> Quando alguém confessa a si mesmo, ou quando, eventualmente, confessa a outro que agiu mal, nessa ou naquela circunstância, os bons fundamentos de uma ordem de valores e a legitimidade da lei são reconhecidos. Pois bem, um de nossos maiores problemas no Ocidente é a explosão de um código moral a que nossos antepassados, bem ou mal, davam assentimento. A partir desse instante, ou nossa civilização ocidental irá se desmoronar, pois haverá perdido todos os seus pontos de referência, ou então tratará de se dotar de uma ética, além disso reajustável, que reúna ao redor de seus critérios um consenso bastante amplo.[25]

Sem dúvida, é aqui que estamos. E abandonamos um par de pretensões sobre tal ética: que devamos fazer uma propedêutica epistemológica obsessiva ou que nos enredemos em volteios de fundamentações. Mas não é fácil.

A ética filosófica fica paralisada ao enfrentar o caráter manifesto do mal. A melhor estratégia, desde Agostinho de Hipona, tem sido declarar que o mal é algo defectivo, que em realidade não existe. É "a ausência do bem devido", essencialmente um não ser.

---

25. *La confesión y el perdón, op. cit.*, pp. 149-50.

Mas se isso não é ou não resulta conveniente, então... O perdão e o mal ocupam o centro da vida moral. Compartilho a opinião de Delumeau, segundo a qual o "perdão constitui aos meus olhos uma das contribuições mais preciosas do cristianismo à história humana".[26] Mas isso não me impede de ver suas dificuldades. A malevolência existe e não sei até que ponto o perdão a desativa.[27] Walter Kaufmann, que fazia sobre o mundo secularizado atual os mesmos juízos que Delumeau,[28] sugeria escapar de uma concepção de justiça vinculada à retribuição e à culpa. A humanidade se devia fazer autônoma e tomar em mãos, como Nietzsche exigia, a responsabilidade por seu futuro. "A morte da justiça retributiva está vinculada à morte de Deus."[29] É um modo de dizer que a quebra da estrutura providente-retributiva nos coloca ante um mundo novo. Um mundo no qual o bem tem de ser construído, porque não nos foi dado nem tampouco nos será reclamado do alto. A dinâmica moral do mundo corre o perigo de se parecer com sua marcha econômico-produtiva. Do mesmo modo que o consumo pede satisfação imediata e rápido esquecimento,[30] o mundo moral poderia tornar-se simplesmente esquecidiço, sem por isso ter aprendido nada sobre o perdão e sua necessidade fundadora.

Nem os deuses baixam das máquinas cênicas nem nos ouvem quando confessamos ou nos arrependemos. Então, por que o

---

26. *Ibidem*, p. 150.
27. "A malevolência é uma disposição para atuar contrariamente ao bem. Sua fonte emocional está na vontade, um desejo de que as coisas não sigam bem. A malevolência pode ser geral, dirigida contra a humanidade, ou focalizada sobre indivíduos escolhidos. O ódio, o ressentimento, a inveja, os ciúmes, a raiva, a vingança, a crueldade e o cinismo são algumas de suas formas" (J. Kekes, *Facing Evil*, Princeton: Princeton University Press, 1991, p. 79). (N. A.)
28. Walter Kaufmann, *Without Guilt and Justice: from Decidophobia to Autonomy*, Nova York: Delta Books, 1975.
29. *Ibidem*, p. 51.
30. Z. Baumann, *La globalización, consecuencias humanas*, Buenos Aires: FCE, 1999, pp. 108-9.

fazemos? Fazemos para não esquecer. Na realidade, somos as primeiras gerações que têm uma memória do passado relativamente fiel. Nossa memória não tomou a forma de mito, permanecendo, crítica, em mãos adequadas. Lembra-nos a que grau de humanidade chegamos e o quanto ainda nos falta para sentirmo-nos confortáveis com o tempo que nos toca. Pois é belo guardar a memória do agravo quando o fazemos para que não se repita. Mas não há teleologia posterior à própria humanidade. E a quem ela resulte escassa, não poderemos convencer.

VIII

MISANTROPIA E PESSIMISMO ANTROPOLÓGICO

Perante o mal, o verdadeiro misantropo adotará a sentença de Demócrito: "É preferível sofrer uma injustiça a cometê-la". E, para evitar sofrê-la, o melhor é a prática do robinsonismo moral que entranha em si ações externas de afastamento ético-estético das fontes do fazer e do querer comuns. É o princípio aceito por Schopenhauer, em vez do imperativo kantiano. Nada de fórmulas rebuscadas como a do mestre de peruca. Simplesmente: *neminem laede*; não firas ninguém. Não contribuas para uma soma que ninguém pode cancelar. Nesse princípio ético, Schopenhauer encontra ressonâncias orientais. Disse tê-las encontrado em seus conhecimentos sobre a espiritualidade hindu. No final, ele cria boa parte da ideia romântica do mundo oriental. Mas a verdade é que esse princípio e seu uso misantropo se relacionam bastante bem com o cansaço que a inevitabilidade do mal e sua dificuldade de supressão produzem.

A misantropia é um perdão cansado que supõe que nenhum mal é verdadeiramente cancelado. É também um falso esquecimento, dado que o desdém pelo mundo se ratifica com cada novo acontecimento deplorável, e muitos deles se têm sempre presentes, a fim de conservá-lo. Não necessita, em absoluto, ser hiperbólico ou expressionista. Bastam certas verdades de fundo; esta aqui, por exemplo: enquanto perdurarem os assuntos humanos, continuará a haver guerra e violência. "A história do gênero humano se sobrepõe à história de suas múltiplas inimizades."[1]

O mundo é dor e está cheio de dor: a natureza é um incessante devorar-se que nunca descansa. Não foi um deus benevolente e sábio que nos pôs no mundo, e sim uma casualidade cega, um acaso estúpido ao qual temos tentado, em vão, dar regras.

> A única coisa que me reconcilia com o Antigo Testamento é a história do pecado original; aos meus olhos, é a única verdade metafísica que ali se encontra, ainda que seja apenas no plano alegórico [...] para se ter em todo momento a mão numa bússola segura, que nos oriente na vida, para nunca considerá-la sem equívocos, e sim sob luz adequada, nada mais oportuno do que se habituar a considerar este mundo como um lugar de expiação, uma instituição carcerária, ou, por assim dizer, uma colônia penal.[2]

Evidentemente, o que se expia no mundo é a imperfeição mesma do existir. Este é um mundo que não deveria existir. E, pouco mais adiante, proclama Schopenhauer: "À bela alma, e talvez ao gênio, cabe-lhe estar no mundo como um nobre

---

1. É o parágrafo pessimista com que Safranski inaugura o nono capítulo de seu livro *El mal*, interessante coletânea que une, com sentido histórico, essas ideias e os períodos em que se apresentam (Barcelona: Tusquets, 2005, p. 135). Todas as pazes são sempre limitadas a um grupo, a um lugar. Conclui: "Tudo parece indicar que as inimizades pertencem a uma rocha primitiva da natureza humana". Não cabe dúvida de que foi tocado por seu esplêndido livro *Schopenhauer*. (N. A.)
2. *Parerga II*, em *Sämtliche Werke*, vol. II, Frankfurt: Surhkamp, 1965, pp. 355-6; tradução castelhana: *Parerga y Paralipómena*, II, Madri: Trotta, 2006.

prisioneiro político numa prisão de malfeitores vulgares; portanto, ambos buscarão isolar-se".

As atitudes morais e sentimentais relacionadas com a misantropia dão lugar, conclusivamente, a um perdão peculiar, que se mantém numa terra vacilante: esquece, mas não esquece, cancela, mas nem tanto. E não porque seja dubitativo, e sim porque é cético. Recordar de nada serve, pois o mal se apresenta repetidamente. Nada o refuta ou o esconjura. Aí está, sempre odioso, tão previsível e pertinaz como as marés. Esquecê-lo é impossível porque, como se repete, não nos deixa; se conseguirmos nos desfazer dos males passados, sua ocorrência constante no presente nos afogará no estupor. Vale mais saber que se parece com seus antecessores. Então, a esse cansaço produzido nós o chamamos perdão. Mas não há tal coisa, pois se trata de uma contemplação entristecida, não de um ato assertivo.

É impossível que tal perdão possa emoldurar uma ontologia iluminável. O perdão produzido pelo cansaço não é um verdadeiro perdão; na verdade, está mais perto do ceticismo do que de qualquer outra coisa. A negativa à mecânica sistemática do castigo, ao marco completo da retribuição e à ontologia da dívida vem da desconfiança do poder de castigar e da eficácia de fazê-lo. Essa atitude se desfaz do medo do esquecimento e do dever de não esquecer com um só movimento: o esquecimento do mal, castigado ou perdoado, se produzirá inevitavelmente; que esse esquecimento seja completo, isso é impossível, porque temos feito do mal, da capacidade do mal, um dos traços sempre presentes da natureza humana. Por isso, nem um nem outro, nem o perdão nem o esquecimento nos podem consolar.

No pessimismo e na misantropia românticos reluzem os sinais de um tédio aristocrático. Os "pouco infelizes", nesse caso, têm ânimo para suportar esses saberes, enquanto o resto da patuleia seguirá enlameada pelo olho por olho do talionismo. Seguirão pagando males com males, acreditando fazer justiça. Nunca chegarão a perceber que o que fazem é, simplesmente, o jogo da natureza desapiedada. E nem convém dissuadi-los. A providência ou o destino são ideias da vontade, escreverá Schopenhauer, e talvez o sujeito não possa renunciar a elas de todo. Nada mais do que isso.

Nossos perdões atuais

Para a economia do mal e do perdão, essas são algumas das consequências, por um lado, de sermos nossos próprios deuses; e, por outro, o de não sermos demasiado apresentáveis quando a estrutura da providência se quebra. Todavia, à medida que nossa memória histórica aumenta, a necessidade de recobrar a pureza pode tornar-se grande, consegue-se uma paz relativa e florescem os mais sutis sentimentos e atitudes, que são estimuladas por ela.

Esta é a maneira pela qual Rorty vê o assunto:

> Nos duzentos anos transcorridos desde a Revolução Francesa, aprendemos que os seres humanos são muito mais maleáveis do que Platão ou Kant haviam sonhado. Quanto mais impressionados estamos com essa maleabilidade, menos interessados estamos nas questões de natureza histórica. Quanto mais oportunidades vemos para nos recrear, mais encontramos em Darwin não uma teoria sobre o que realmente somos, e sim algumas razões pelas quais não necessitamos perguntar pelo que somos [...] Assim, a pergunta de Kant — que é o homem? — se converte em: que classe de mundo podemos preparar para nossos bisnetos?[3]

---

3. R. Rorty, "Derechos humanos, racionalidad y sentimentalidad", em *De los derechos humanos*, Madri: Trotta, 1998, p. 126.

Essa cena atual do "grande perdão", de que fala Derrida, consiste em fazer passar uma possibilidade aberta pelo cristianismo no seio do privado para as ordens pública e política. Se todos começarmos a nos tratar como "próximos", o cenário mundial do "grande perdão" é o lógico e esperado. Mas, nesse caso, não é, como Arendt supunha, antipolítica. Se estamos num momento crítico para intentar uma ética mundial, um perdão fundador é seu acompanhante necessário. E tal perdão tem, necessariamente, que relacionar-se, como sempre o fez, com o arrependimento e a expiação. Um perdão "mais puro", num caso-limite. Nossos perdões são utilitários, heterônomos, não providentes, tudo isso por um fato menor, mas da maior importância: não somos deuses.

Por sabermos de nossa humanidade e não querermos como saída o pessimismo antropológico, devemos encaminhar as coisas para perdões fundadores que nos façam reconhecer-nos mutuamente como próximos que liquidam suas dívidas. Os perdões são pazes. E, ainda assim, essa situação é excepcional e deve sê-lo. Não apenas porque, se essa paz se conturbar, a ontologia da dívida retornará em sua máxima expressão, que é a lógica da guerra, mas ainda porque o perdão, no âmbito do público, há de ser sempre excepcional.[4]

As regras do perdão individual são claras: arrependimento, pena, reparação e compromisso de não repetir o ato. Em tais circunstâncias, ainda que o perdão não possa ser assegurado, tem-se direito a ele. Mas, quando se invoca o dever de não olvidar,

---

4. Após o ataque às Torres Gêmeas, a ontologia da dívida reapareceu porque não só está implícita na lógica da guerra como também se revela nos juízos sobre a culpabilidade coletiva. Tiro esse exemplo de um periódico mexicano. Ante o terrível atentado, havia esta frase: "Fazia tempo que mereciam isso". E assim afirmavam muitos de seus colunistas. Mas quem? Os que pegaram um avião? Os que entraram pontualmente para trabalhar nas Torres? Não, "eles", os outros, os inimigos seculares, os que o mereceram porque com eles estamos prestando contas. (N. A.)

está-se falando de perdões coletivos. E por que nos fazem supor que tenham as mesmas condições? Por acaso são os perdões individuais, dentro de um grupo, que realizam um ato de restabelecimento? O que vale para o perdão individual é aplicável ao coletivo?

O perdão sempre tem uma instrução contrária explícita, a que diz "não tentes corrigir o cínico, porque vai zombar de ti", ou "não tentes corrigir o cínico, porque não tem salvação". Não se pode perdoar quem fez um mal com pleno conhecimento de que pedir perdão *ex post facto* será simples e já previsto. "Primeiro a gente faz, depois pedimos desculpas" pode ser a regra dos cínicos; farão o mal, pedirão perdão por ele e conservarão sua vantagem. Temos boas razões para temer o cinismo, tão ou mais fortes do que as que nos fazem recear o esquecimento. Por elas devemos desconfiar dos perdões mal-administrados.

Quase todos os que defendem o dever de não esquecer, Jankélévitch, Derrida, Abecassis, se veem premidos a defender também que o perdão só pode perdoar o imperdoável. Mas é que, previamente, o tornaram muito difícil. Se de um lado está toda a ofensa e esta, quantitativa e qualitativamente, é inabarcável, o perdão tem de se ajustar a essa magnitude. Daí se falar de um ato não apenas extrajurídico, e sim "superético". Semelhante caracterização poderia ser excessiva. Em verdade, é uma inovação, mas não ultrapassa a ética destes tempos. De que o perdão seja uma inovação moral soberba não se segue que resulte em um salto sobre o limite. Tampouco se seguem rebuscadas formulações como "só se pode perdoar o imperdoável". Soa bem, mas não diz nada. Quando muito, transpõe a filosofia para a linguagem poética, talvez carregada de sentido, mas com pouca referência.

Por sua excepcionalidade, no entanto, talvez necessite ser avaliado. Quando tem a qualidade de ser fundador, o perdão possui várias companhias e precedentes, dos quais procura se afastar por algum motivo em nosso tempo: o indulto e a anistia.

IX
ANISTIA E PERDÃO

As sociedades políticas, administradoras de lei e de castigos, exerceram, desde tempo imemorial, seu direito à clemência, quando as circunstâncias assim o aconselhavam. Para a clemência existem anistias e indultos. Os indultos de extensão variável que marcavam, e ainda marcam em determinados lugares, as mudanças no poder ou na dinastia, a entrada em jogo de uma nova autoridade, os nascimentos ou os matrimônios régios, ou as solenidades religiosas, estão na cena pública desde há muito. As anistias, por sua vez, são decretadas em algumas ocasiões. Sua diferença é que o indulto supõe a remissão de uma pena já dada, que se elimina ou se encurta, ao passo que a anistia deixa de fora da consideração de delito merecedor de pena determinadas ações, por más ou perigosas que tenham sido. Ambos, em todo caso, formam parte do contexto da clemência, do perdão que vem de cima.

Justamente porque no mundo houve tantas pazes quantas guerras, as pazes costumam trazer preparadas todas as contas pendentes. E também esse costume ser o caso das discórdias civis que por fim são saldadas. A anistia e o indulto, em que pese ser bom distingui-los, são bastante próximos — de fato, a mesma autoridade pode vacilar entre a aplicação de um ou de outra —, mas implicam coisas muito diferentes: num caso, um direito de graça benevolamente outorgado; no outro, o fato de que a lei sob a qual se atuava era inconveniente. Por isso, a maneira de sair-se de algumas situações, se por indulto ou por anistia, costuma ser objeto de debate árduo.[1] Embora as duas situações sejam irreversíveis, pois, com efeito, a dívida contraída não mais será reclamada, o indulto supõe o perdão do erro, e a anistia, que a situação condenatória estava errada.

Na cena estatal, o indulto é uma prerrogativa que a autoridade retém comumente e costuma funcionar por petição do culpado, que, portanto, se reconhece como culpado; e a autoridade administra essa sua capacidade de rebaixar a pena, por assim dizer, de um modo corrente.[2] A anistia é bem mais excepcional.

Quando uma sociedade política que sofreu graves discórdias civis necessita abrir uma nova etapa, virar a página dos males ocorridos, em resumo, refundar-se, a anistia e suas conveniências costumam ser solicitadas. No cenário atual, em que o trânsito para a democracia, numa pluralidade de regimes políticos que eram autocráticos, vem ocorrendo em onda,[3] as anistias têm sido frequentes. Em alguns casos se tratava de deixar sem efeito as legislações que proibiam as liberdades elementares, como as de associação e de expressão, declarando nulos seus efeitos. Esses foram, por assim dizer, casos fáceis. Os complicados foram aqueles em que a anistia

---

1. C. Bourget, "Entre amnistía e imprescriptible", em *El perdón, op. cit.*, p. 43 ss.
2. Costuma acontecer mais nos países em que a pena de morte está vigente e onde a autoridade mantém quase até o fim a prerrogativa de comutar a pena por outra inferior, com o que aumenta a angústia do solicitante. (N. A.)
3. S P. Huntington, *La tercera ola: la democratización a finales del siglo xx*, Barcelona: Paidós, 1994.

foi pedida para condutas graves em todos os tempos: assassinatos, violações, torturas, saques e roubos... e tudo o que possamos imaginar ocupando as prisões de um poder autocrático que procura se defender de seus inimigos políticos. Não esqueçamos que os delitos prescrevem e o fazem segundo sua natureza. Desde a paz que encerrou a Segunda Guerra Mundial, alguns países decidiram-se por anistias mais ou menos amplas relativamente a ações levadas a efeito sob regimes totalitários, ou por obediência mais ou menos entusiasta por autoridades colaboracionistas ou de ocupação. Essas pazes eram necessárias precisamente como "perdões fundadores", por duras que pudessem ser as consequências. Contra elas se levantaram as vozes que diziam que *nem todo delito* poderia ser prescrito, mas que alguns fossem declarados sem anistia nem prescrição.[4] Foram esses os novos "crimes contra a humanidade", distintos dos "crimes de guerra". Sabe-se que, "na guerra, como na guerra". E isso quer dizer que a lógica da guerra é devolver e aumentar o dano; é a ontologia da dívida reforçada. Quando se instala, é o pior que se possa pensar... Vida, propriedade, integridade, *tudo* fica em suspenso.[5] Crimes contra a humanidade foram chamados os cometidos contra populações não combatentes, civis, e que implicavam ações normalmente repugnantes, que procuravam aterrorizar, dissuadir qualquer resistência, humilhar até o limite e acabar, por conseguinte, com o moral das populações e dos combatentes.

---

4. "Esse mecanismo da prescrição só tem um limite: o ato *imperdoável*, o crime imprescritível, definido em princípio por oposição ao fato delituoso que pode prescrever; não é em função do tribunal que o julga, e sim de uma regra moral definida *a posteriori* que cria a noção de crime contra a humanidade" (C. Bourget, *op. cit.*, p. 56). (N. A.)
5. Imaginar, portanto, que mesmo nela caiba falar de condutas criminosas foi uma novidade difícil de aceitar, e mais ainda que os vencedores as julgassem. (N. A.)

Cada país beligerante sofreu sua própria experiência e teve de enfrentá-la. Grande parte da história dessas anistias dolorosíssimas está sendo declarada ainda hoje. Mal digeridas, a elas vieram agregar-se as leis de anistia que alguns Estados decretaram no último quartel do século xx. Essas últimas, em especial, obrigavam a perdões para condutas sumamente repugnantes: assassinatos políticos e torturas dirigidas contra opositores, durante anos negados pelas autoridades militares correspondentes e depois legalizados sob a desculpa torpe da obediência devida. Uma coisa é deixar em suspenso a pena e outra, muito diferente, declarar que tais atos não são puníveis, que é o que a anistia faz.

Os cidadãos e as cidadãs que se opuseram a essas anistias utilizaram vários argumentos: que os crimes cometidos, por sua natureza, eram do gênero dos considerados imprescritíveis; que esse perdão forçado não dissuadiria da execução futura de crimes similares; que era necessário refundar a convivência sobre o conhecimento e a valorização justa dos fatos ocorridos, com independência do marco penal. Admitindo-se, pois, que qualquer Estado tem um sistema que agracia com clemências, e admitindo-se ainda que se havia de proceder a um perdão fundador, em alguns deles considerou-se necessário, contudo, manter-se o dever da memória, da dívida contraída com as vítimas e com aqueles que as representavam.[6]

Essas petições conduziam amiúde a fazer perigar o processo de consolidação dessas novas ou restabelecidas democracias.[7] No entanto, e em que pese esse perigo, os processos de

---

6. De fato, e nesse momento, a acusação do esquecimento mal finalizado está sendo examinada a respeito da transição espanhola. Ninguém sabe o que a finalizava. E se propaga a ideia de que o processo terminou como pôde. Ver J. Ibañez Fanes, *Antígona y el duelo*, Barcelona: Tusquets, 2009, especialmente p. 129 ss. (N. A.)
7. Huntington cita e analisa os casos de Argentina, Uruguai, Grécia, Chile, Brasil, Romênia, países centro-americanos e Filipinas, em especial na epígrafe "El problema de la tortura:

conhecimento da verdade e os julgamentos tiveram início em vários países. Huntington, após analisá-los, tira a seguinte conclusão geral:

> A justiça democrática não pode ser sumária [...], mas tampouco pode ser uma justiça lenta. O apoio popular e a indignação necessários para fazer da justiça uma realidade política murcham com o tempo; os grupos desacreditados, por terem estado associados ao regime autoritário, restabelecem sua legitimidade e influência. Nos novos regimes democráticos, a justiça tem que chegar rapidamente ou nunca mais se faz.[8]

Huntington conclui que "no tema do 'processo e castigo *versus* esquecimento e perdão' cada alternativa apresenta graves problemas e deve eleger o caminho mais satisfatório: não processar, não castigar, não perdoar e, sobretudo, não esquecer".[9] Quando as situações de transição são frágeis, não devem ser forçadas. Huntington sempre nos convida a compartilhar de seu realismo descarnado: o lugar das convicções morais nos acontecimentos políticos depende de termos forças suficientes para as fazer valer.

---

proceso y castigo versus olvido y perdón" (*La tercera ola, op. cit.*, p. 193 ss.). (N. A.)
8. *Ibidem*, p. 208.
9. *Ibidem*, p. 210.

X

E AGORA?

A quebra da ontologia da dívida introduziu uma enorme desconfiança no mundo e descentrou, além disso, o lugar do perdão. Este último é especialmente claro dentro do discurso teológico.[1] Mas o discurso da ética não permaneceu de todo incólume. Caso se admita, com Habermas, que toda ela está baseada na reciprocidade, segue-se imaginando uma cópia ou imitação, embora debilitada, dessa ontologia decaída. Isto é, nessa forma ou modelo da reciprocidade, o perdão incondicional não é possível. Se no perdão primitivo eu delego minha vingança a outras mãos, providentes, agora me encontro com uma estrutura similar na qual rege um sistema de compensações duais. Porém, ainda que perdoe para ser perdoado, devo imaginar um primeiro perdão que não teve essa condição, ou seja, estranho ao princípio da reciprocidade e,

---

1. Que se afoga em vaivéns de palavras, sem já poder precisar em que consiste. Isso está muito claro nas contribuições de diversos teólogos, católicos e reformados, na citada coletânea *El perdón*, na qual alguns chegam a resvalar num tipo de discurso que só cabe qualificar de delirante. Refiro-me, em particular, à entrevista de Stanislas Breton. (N. A.)

portanto, extraético ou superético. Um perdão que, mais do que fundador, é, em termos de Derrida, um postulado. Por fim, se esse fosse todo o problema, poderíamos dele nos desfazer mediante várias estratégias, sobretudo as kantianas. Mas receio que não se trate simplesmente de um desses nós do entendimento. Os nós górdios são cortados, e ninguém vai deter-se para pensar se foi o ovo ou a galinha que veio primeiro. Não são problemas dessa índole que nos deterão.[2] Mas, se o que está comprometido não é o entendimento, e sim a razão, esta nos avisa que "o mundo tudo perdoa quando se triunfa". J. Ellul é bastante duro e explícito. O nazismo é horrível "porque foi vencido".[3] O perdão, esse mais comum, diário e degenerado, não tem ocasião de se apresentar, porque simplesmente se venceu, não se perdoou. Baudrillard vai além; pretende que ele somente passa a certidão "deste fato decisivo: a perda dos valores".[4] E, provocativamente, assegura que não contamos, nós, a civilização compassiva e perdoadora, com outra segurança senão a nossa prepotência.[5] Podemos seguir perdoando e oferecendo cenários de perdão... sempre que continuarmos vencendo.

---

2. Recorro a essa distinção clássica entre *Verstand* e *Vernunft*, que nunca deve ser afastada. O entendimento, que é analítico, faz entrelaçamentos que nos levam a paradoxos; a razão, que é sintética, é a potência onicompreensiva que nos leva a articular dados distintos num discurso homogêneo. No tema do perdão, filosoficamente tomado, os paradoxos são postos pelo entendimento; as dificuldades, pela razão. (N. A.)
3. Não abreviar a citação servirá para que guarde toda a sua força: "Creem vocês que foram a rebelião das consciências, a virtude e a justiça que fizeram o stalinismo tão odioso quanto o nazismo? Foi a virtude triunfante quem venceu a ditadura comunista e fez imperdoáveis e inescusáveis seus crimes? De modo algum. Foi seu fracasso, em todas as frentes. Esse fracasso fez com que já nada se escuse. Se Hitler ou Stálin houvessem triunfado, ninguém falaria de monstruosidades. Pois tudo é graça" (*El perdón, op. cit.*, p. 119). (N. A.)
4. *Ibidem*, p. 38.
5. É certo que, ao lado dessa afirmação tampouco se resguarda de afirmar o seguinte: "Sou um ocidental, mas meu desejo mais forte é ver o Ocidente dobrado. Na realidade, tenho três desejos: ver humilhados a classe política, o Ocidente em geral e os satélites ocidentais em particular" (*El perdón, op. cit.*, p. 39). (N. A.)

Suspeito que o que alguns chamam de "o Ocidente universalista", como uma visão aparentemente autocrítica, mas em verdade histérica, às vezes parece não contar com o insumo do pensamento, de que sempre se necessita para enfrentar os reptos e os riscos do presente que nos toca manejar. Uma pergunta tão simples como "que tipo de ação é o perdão e onde se inscreve?" revela muito das insuficiências dos que a ela se atrevem. Muitos optam pelo paradoxo — "só se pode perdoar o imperdoável"; outros, pela desmedida — "todos os valores estão mortos"; muito poucos pela reflexão autêntica e o sentido histórico.

Por fim, todo esse paradoxo e essa desmedida não provêm da aplicação a assuntos públicos das características da moral, por elevada que seja ela? É um caso doloroso aquele no qual a má teoria costuma ocupar o lugar da boa e que em nada ajuda a sustentar convicções otimistas sobre a natureza humana. Porém, algo continua sendo profundamente certo — que existe agora uma "cena mundial de perdão", ainda que suas interpretações não sejam adequadas. E, em qualquer caso, tal perdão nos remete a um mal prévio, aquele com o qual a inteligência parece tratar em vão de medir-se. Trarei alguns exemplos.

O mal

É claro que a aliança entre a ontologia da dívida e a existência de um desígnio providente diminuía a potência do mal. Não é que ele deixasse de existir, mas seria pago, com outro igual sofrido por seu autor ou por seus próximos, mais cedo ou mais tarde. O mundo era um *cosmos* porque pagava "com a mesma moeda". Se, ademais, o desígnio providente não era tão cego e automático como o destino, encarnando-se na figura divina única e providente, que tudo conhecia e julgava, todos os males seriam pagos, antes ou depois. Deles se encarregaria o Senhor; e a nós, por acréscimo, o perdão nos faria livres.

No entanto, o mal não se vai, não se apaga, e a razão não o detém; de vez em quando, as armas o param, à custa de produzir outros males. De modo que ele está se transformando, nos últimos anos, num motivo particular de reflexão. Vários autores, Gaita, Kekes, Sichère e, entre os espanhóis, o malogrado Del Águila, o tomaram como motivo central de reflexão.[6] Adiantando acontecimentos, a honestidade intelectual me impõe dizer que essa reflexão não me parece demasiado frutífera. O tema do mal contém algo capaz de paralisar a inteligência.

Não se trata em nosso tempo, como ocorreu com o romantismo, de uma fascinação pelo mal, fascinação cujas fontes foram comumente mais literárias do que filosóficas.[7] Quando esses autores contemporâneos enfrentam o desafio do tema do mal, quando o fazem comparecer em suas reflexões ou nos títulos de seus trabalhos, pretendem domá-lo, entendê-lo, explicá-lo e levá-lo para uma ordem... para que não continue a ser, como é, um escândalo da razão. E quase do mesmo modo atuam aqueles outros para os quais a ética, eles afirmam, faz limites com a tragédia. Mas o tema resiste a proposições mais inteligentes ou a raciocínios mais refinados. Uma maneira de entender por que isso acontece seria recorrer a Santo Agostinho, o qual já decidiu que o mal não pode

---

6. Refiro-me, respectivamente, às seguintes obras: R. Gaita, *Good and Evil, an Absolute Conception*, Londres: McMillan, 1991; J. Kekes, *Facing Evil, op. cit.*; B. Sichère, *Histoires du mal*, Paris: Grasset, 1995; R. Del Águila, *La senda del mal*, Madri: Taurus, 2000. (N. A.)
7. As fontes foram bem estudadas pelo conhecido erudito e pensador italiano Mario Praz, autor de *La carne, la morte e il diavolo nella letteratura romantica*, Florença: Sansoni, 1976. Com a possível exceção, na filosofia, de Schopenhauer, que não é o caso agora de tratar, mas que pede um exame detido. (N. A.)

ser entendido como algo em si, mas como uma carência; e, nesse sentido, não é um contravalor, mas uma falta dele. O que Agostinho de Hipona fazia para evitar o maniqueísmo, a mesma finta, nos serve por outros caminhos. Embora não nos convença, terá que servir-nos. Bem antes, e da mesma maneira, Platão se interrogava no *Parmênides* sobre se podem existir ideias de coisas em si imperfeitas, como a imundície, por exemplo. As ideias, sendo perfeitas, não podem provir de imperfeições, concluiu. De modo que ambos ensinaram a evitar o tratamento do mal como se fosse "algo". Seria uma boa "navalha de Ockham",[8] que nos pouparia diversos quebra-cabeças, produzidos por se *multiplicar os entes sem necessidade*. Mas, já que presentemente não a usamos, será por algum motivo. Talvez porque, em que pese a sua "banalidade", como a denominou Hannah Arendt, ele insista em se apresentar continuamente. E, embora seja certo que poderíamos pensar, conforme nos ensinaram, que é meramente um nome — só podemos chamar de mal ou de males as situações em que um bem, que deveria existir, não comparece —, a verdade é que é nomeado muito amiúde. Além do que, há situações e pessoas que parecem desfrutá-lo quando o provocam.

A essa altura, ninguém está seguro de não haver um ser humano "que aja mal com pleno conhecimento". Tampouco Sócrates nos convence. Conhecemos casos. Os delinquentes, por assim dizer *normais*, o fazem. Os criminosos também. E, em situações de guerra, pessoas aparentemente normais se tornam criminosas, capazes de violar as piedades e os sentimentos mais elementares.

---

8. Sob essa denominação se conhece o princípio de maior simplicidade (*lex parsimoniae*) nas investigações filosóficas e científicas. Guilherme de Ockham, filósofo nominalista, e portanto contrário ao uso de noções abstratas, como essências universais, propunha "não multiplicar os entes sem necessidade". (N. T.)

Não, certamente, porque sua vida esteja em perigo — pois nesse caso tudo é permitido —, mas sim por crueldade, pura e repugnante. Mas acontece que o crime que cometem recai sobre nós, a humanidade em seu conjunto. E se é uma boa estratégia para uma vítima fraca perdoar no momento seu infame agressor, nada indica que o bom para um seja bom também para quando a coletividade atua. Perdoar em comum é mal, fora da espécie já conhecida dos perdões fundadores; não é sinal de bondade, mas de espantosa debilidade. É, além do mais, algo a que não se tem direito. Direi mais: não só não podemos perdoar e tirar das vítimas essa prerrogativa, é que tampouco podemos perdoar. A humanidade em nós presente não pode carregar a imundície que os criminosos lhe jogam, sobre todos e cada um de nós.

Admitimos que a carranca selvagem do mal nunca desaparecerá da paisagem humana. Seja o mal consequência da liberdade, da falta de entendimentos, desígnio de uma vontade malformada, herança da carne ou qualquer outra explicação que recebeu no correr dos séculos, aonde formos ele nos acompanhará, como nossa sombra. Lá onde não exista como caminho do ser coletivo, porque se reduziram as injustiças mais flagrantes, existirá como desânimo, deterioração ou morte. Mas nem por isso podemos e devemos renunciar a combatê-lo.

Diante do mal sempre podemos ressuscitar a ontologia da dívida e então supor-lhe uma retribuição terrível por algo desconhecido, que nem mesmo nós tenhamos feito, e sim nossos pais, nossos antepassados, nossa história... Podemos inscrevê-lo em algum impulso obscuro de nossa natureza, podemos pensar na culpa coletiva, ainda que dê de cara contra nossa cultura individualista e nossa noção de responsabilidade. É uma opção, embora não a melhor. Quebra os fundamentos da modernidade e o princípio da individuação que sobre ela foram elevados.

É bem melhor separá-lo, qualificá-lo, imputá-lo e julgá-lo, para em seguida condená-lo e castigá-lo. A não ser que esteja implicado o desaparecimento da ordem, não há razão, como humanidade, para perdoá-lo. Os que pisoteiam a humanidade de outros devem temer ser castigados por isso.

Deve-se esperar que os limites do inaceitável, do imprescritível, do imperdoável se ampliem pouco a pouco, à medida que a regra moral que criou esse conceito vá reconhecendo a necessidade, neste como em outros campos, da *dissuasão*. O autor potencial desses tipos de delito, os crimes contra a humanidade, deve saber antecipadamente que não pode contar com a proteção do tempo nem do espaço; que o perdão tem seus limites.[9]

Bourget, a quem pertence a citação, nos relembra também que a humanidade existe e tem seus direitos, sua memória, "e começa a poder impor aos Estados suas normas, suas sanções, incluindo-se a denegação do perdão".[10] Pois se nenhum ser providente cobra para nós as contas, temos que cobrá-las nós mesmos.

Podemos perdoar com condições, as próprias ao perdão — a confissão, o arrependimento, a disposição de reparar o feito —, mas sempre um perdão *gratuito ou gracioso*. Na *Genealogia da moral*, Nietzsche faz um vertiginoso, embora sutilíssimo e malévolo, percurso desde a história da *dívida* até a invenção da clemência, à qual chama pelo antigo nome de *graça*. Que a graça é, como sempre tem sido, um privilégio dos poderosos é coisa sabida. Mas pode chegar o tempo, afirma, em que a sociedade esteja tão segura de si que "não seria impensável uma *consciência* do poder da sociedade com que lhe fosse lícito o luxo mais nobre que pudesse existir

---

9. C. Bourget, "Entre amnistía e imprescritible", *op. cit.*, p. 57.
10. *Ibidem*, p. 58.

— deixar *impunes* os que lhe causaram dano".[11] E isso, aquele que foi um profissional da suspeita, Nietzsche, bem avisou: seria a supressão da justiça. Receio que tenhamos chegado longe demais.

A globalização do perdão

Com efeito, a cena atual do perdão, que se leva a termo em tantos e tão diversos lugares, deve ter como correlato necessário um cenário semelhante de julgamento e de condenação que também esteja presente. Não só ali onde o perdão está dominando a esfera pública, como na África do Sul, por exemplo, os tribunais não deixaram de funcionar, aquilatando para que os delitos sejam castigados, porém perdoados, particularmente, como este "grande perdão" mundial inclui o funcionamento regular do Tribunal de Haia e o pleno vigor do Tribunal Penal Internacional.

Essa potência instaurativa, da qual dependemos cada vez mais, atua no panorama internacional e mundial. Isso faz com que nos interroguemos sobre sermos capazes, a humanidade, de fazermos as contas em comum. A sustentação da justa retribuição nos é necessária para algo tão decisivo e elementar como conservar a "pensabilidade" do mundo. Necessitamos, pois, e urgentemente, de instâncias supraindividuais que nos reassegurem contas, saldos e perdões. Se essas instâncias supraindividuais, às quais delegamos poder e cuja autoridade reconhecemos, permanecem, de um modo sólido, encarregadas de justiças e perdões, mesmo que seja como uma estrutura providente, poderemos descansar, pois saldarão de novo as contas. E não podemos evitar fazê-las sem nos desumanizarmos, por cima, como ato de misantropia, ou por baixo,

---

11. *Genealogía de la moral*, op. cit., p. 83.

renunciando a que tenha sentido moral tudo aquilo que somos. Se pudermos ter uma confiança razoável numa vontade geral de longo alcance, que cancele adequadamente — com diálogo e com clemência, e inclusive com perdão, ante sinais de arrependimento, mas sempre com fortaleza — as vulnerações, as ofensas e as feridas, poderemos continuar habitando razoavelmente o mundo. Um mundo em que a estirpe de Caim, de que todos somos, não reparta culpas e perdões ao acaso, e sim que saiba de sua marca e, por isso, busque, pelos meios que racionalmente possui, evitar que ela se propague.

FONTE: MINION PRO | PAPEL: ALTA ALVURA 90 g/m²
DATA: ABRIL/2014 | TIRAGEM: 2.000
IMPRESSÃO: CROMOSETE GRÁFICA E EDITORA